U0804018

与大师谈艺

大石斋——唐云

郑重 著

文汇出版社

图书在版编目（CIP）数据

大石斋唐云 / 郑重著. -- 上海 : 文汇出版社，2020.8
（与大师谈艺）
ISBN 978-7-5496-3250-3

Ⅰ. ①大… Ⅱ. ①郑… Ⅲ. ①唐云（1910–1993）–生平事迹②中国画–绘画评论–中国–现代 Ⅳ. ① K825.72 ② J212.05

中国版本图书馆 CIP 数据核字 (2020) 第 113100 号

（与大师谈艺）

大石斋唐云

著　　者 / 郑　重
责任编辑 / 鲍广丽
装帧设计 / 观止堂_未氓

出 版 人 / 周伯军

出版发行 / 文匯出版社
　　　　　上海市威海路 755 号
　　　　　（邮编：200041）
经　　销 / 全国新华书店
排　　版 / 南京观止堂文化发展有限公司
印刷装订 / 安徽新华印刷股份有限公司
版　　次 / 2020 年 8 月第 1 版
印　　次 / 2020 年 8 月第 1 次印刷
开　　本 / 720×960　1/16
字　　数 / 120 千字
印　　张 / 10.25

ISBN　978-7-5496-3250-3
定　　价 / 68.00 元

前言

“与大师谈艺”是一个口述系列，记录了谢稚柳、唐云、程十发、陈佩秋艺术实践的体验和感受。我和他们交游数十年，或看他们伏案作画，或是天马行空式的交谈，对他们可谓是听其言而观其行了，从而渐渐悟到他们在纸上行笔、用墨、用水、用彩的不同，是来自他们内心的体验和感受的不同。我想由他们“自说自画”一番，把内心的体验和表现出来的艺术做一次重新融合，不是比别人的评论更好吗？由于有着这样的潜在动机，他们言之无意，我听之有心，所以就形成了“与大师谈艺”这样的口述系列。

中国绘画的理论多发端自画家的体验与感受。顾恺之的“传神论”可谓是中国绘画理论的成熟之作，起始“画女于壁”，虽“四体妍媸”，但“亡关于妙处”，不甚生动，后忽有所悟“传神写照正在阿堵（指这个）之中”，绘之于墙的人物就变活了。后人易“堵”为“睹”，意思相通，其他如“手挥五弦，目送飞鸿”“妙想迁得”，都是从他的体验中来。南朝宗炳凡游历皆图于壁，以作“卧游”之乐，“澄怀观道”“澄怀味象”“万趣融其神思”，他非常感叹“余复何为哉”，“畅神而已”。这种以自问自答的方式，表达了内心的体验，提出了“畅神”之说，成了山水画论开山而又成熟之作。谢赫综合“传神”“畅神”之说，提出了“六法论”，使中国绘画理论达到系统化完整，但自身的体验远不如顾、宗二位来得深刻。

谢稚柳极为赞同“眼高手低”之说，他认为绘画总是眼高于手，才能推动手的提高。顾恺之的“传神”、宗炳的“畅神”之说，标志着中国绘画的理论高峰，他们的绘画能否称得上艺术高峰，那就有待讨论了。但是在他们的理论指导下，唐宋绘画走向高峰，这是无可置疑的。晚唐的张璪还说“外师造化，中得心源”，还在追随顾恺之、宗炳，仍然重视体验，做到主观与客观的结合。可以这样断定，没有魏晋六朝的“眼高”（理论），中国画的高峰可能要晚些时候出现。自元以后，中国绘画走向衰微，除了技巧的衰落，我想更为重要的是画家对体验的疏远，或是内心浅薄造成的。

“与大师谈艺”四种，所注重的是挖掘老画家的体验，他们的画风的演变，不只是技巧的变革，而是随体验的深入在发生变化。画家的体验作为绘画的一个重要因素，在今天被人们忽略了。我生性迟钝不敏，对名家所谈理解肤浅，只能做到他们谈啥我就记啥。这里所记只不过是他们所谈之万一，疏漏多多，记错也难免，敬请见谅。

代序 唐云的洒脱

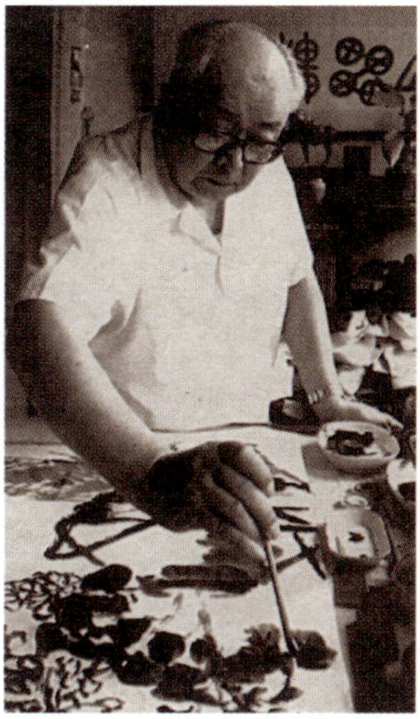

画家手中的笔

我与唐云积数十年之交往，每至其大石斋中，晤言于一室之内，谈画，谈诗，谈茶，谈酒，谈壶，谈禅，谈僧，谈收藏，谈鉴赏，谈人生，谈世事，无主题伴奏，咳珠唾玉，随意洒落，行云流水，出之自然。当然，也有不谈的时候，此则适逢他乘兴作画，我即浏览室中书画藏品，欣赏古碑佳拓，或翻阅古籍善本，总之，不扰清修净境，无妨各得其所。一阵忙碌之后，主人静对瓯茗，沉思袅袅，灵感升华，渐入无我之境。

唐云深于《易》，精于禅机，谈《易》而不徒以傲物为高，谈禅则不徒以绝俗为玄。盖“善行者无辙迹”，故能卑之无甚高论，敛尽锋笔，绚烂之极，归于平淡。观其平易近人，润物无声，所与人言，大抵蔼然，与仁人之言无以异也。而议论间杂出戏谑，妙语连珠，如食谏果，齿颊留香，回味无穷。所谓寓庄于谐又往往以理胜，不只市尘斗室为之惊炫而已。

进出大石斋，看到唐云尝画布袋和尚。宋人梁楷也曾画布袋和尚，和尚捧腹而坐，袈裟和布袋裹着那肥胖的身子。唐云笔下的布袋和尚，则画着一位瘦小的老僧，背上驮着一个大布袋，踽踽而行，画上题着一首偈子：

唐云像

行也布袋，坐也布袋。放下布袋，何等自在。

余观此为之心动。这不正是唐云自身的写照吗？他恰是以梁楷笔下的布袋和尚形其外，以自己笔下的布袋和尚藏诸内。外禅而内儒，人世间的一切都装在那个大布袋内，装着无穷牵挂。沉沉复沉沉，永远放不下那个大袋。直到他病重缠身而归道山之际，仍然不放下赏玩的紫砂茗壶，仍然要保护所养的小虫金铃子的生命。从这点上来说，唐云和他笔下的布袋和尚一样，不知道放下布袋的自在，所以永远没有轻松过。

唐云和布袋和尚所不同的，他手中有一根竹制的拐杖，拐杖上有自撰的偈语：

不畏崎岖携此君，每当坦道亦防倾。
若从平夷犹虑险，万水千山到处行。

唐云曾将此偈书纸一片赐我，要我体味此中的人生。

唐云背着大背袋，手里拄着这根竹杖，在向前走着。我常目视他的背影，看着他那一串串脚印，走得那样潇洒自如，留下的是清风云水。

斯人远去，谁还能再听到他的声音呢？如今，耳闻唐云之名而不识其人却更不知其言谈性情者，大有人在。这些记录唐云山高水远的文字，但愿能使读者允然有得。

目录

篇之壹

药翁，画葫芦里装的是什么药

中国绘画的传统宗旨是“兴教化，助人伦”，注重绘画的社会功能。唐云的绘画也不例外，这从他的一个题名中也表现出来。

唐云有一个“药城”的名字。对这个名字，世人做过许多猜测，有的认为他幼年多病，经常以药为伴；有的猜测是他的家庭开了一爿参药店，他生活于“药城”之中，故取此名。笔者曾将此问题向唐云请教，他说：“我所画的花草，有许多都是药材，像荷花、菊花、梅花、竹子、芦根、万年青、石榴、枇杷等。我希望自己的画如这些药草一样，也能给人一点疗效或滋养。身体疲乏了，看了画就起一点振奋作用；情绪低落了，看了画心胸就变得开朗一些；精神懈怠了，画能给人一点调节的作用……总之，看了画能获得一点益处，哪怕能让人们的精神生活丰富一些，积极一些，也是好的。这就是我取‘老药’‘药翁’的寓意。”

唐云作画，以酒助兴，常是一杯入肚，精神倍增；两杯下去，灵感倏至；三杯过后，技痒难挠，于是攘臂搦管，腕走龙蛇，气力相合，心手相应，笔过形显，形具神全。正值作品即成，观者动容之时，他却停下笔来，点燃烟斗，在作品面前反复审度，再三斟酌，或再做精心晕染，或束之高阁，或将画揉成一团，弃之不惜。那情景似是和自己过不去，实际上是这位“医药师”对这些将给人们带来“滋养”的药草，进行极度严格的筛选、把关。所以一幅画画下来，往往汗水津津，气喘吁吁，那刚刚喝下去的几杯酒，已经变成滴滴汗珠从他那健硕的身体中沁了出来。

唐云画中的“药味”是很浓的。在花鸟画中，他除了画那些中国画的传统题材，还画一些和群众生活密切相关，而又不为一般画家所画的题材。油茶生长在山野之间，画家很少能看到它，即使看到了，恐怕也很少去描绘它的英姿。可是，在唐云的笔下，油茶英姿勃发，给人耳目一新的感觉。他花了四年的时间，不知道撕了多少画稿，始作成《油茶》一画，他在画上题写着：“茶子含油量

唐云在大石斋

极高，供食用，有营养，可疗高血压病，工业上应用甚广，为油类植物产期最长最能繁殖之品。昔于临平农场见此，正值花开结子、结子花开连续芳雅旺盛之际，即图一纸，越合四年。”

广东所产的鸡蛋花为药用植物，唐云避寒广东从化温泉时，正值鸡蛋花盛开，于是信手画了一图，并题曰：“鸡蛋花色黄白如蛋，故名，花可治痢，又能代茗，唯不结果。辛丑冬日于从化温泉对花写此，大石记。”

啄木鸟也是很难入画的，唐云用他的生花妙笔为啄木鸟写照，并题句寄寓新意：“啄木啄木，东西剥啄，除彼害虫，荣我嘉木。”

关于唐云绘画艺术源渊，笔者和他有过如下的交谈。

郑重：受地域环境、文化心理及个性的影响，中国绘画流派都有其根源。你学画受哪家哪派的影响？

唐云：偶以宋元人笔意成此乃得画法之妙，要锲而不舍力求艺术精美，又必须行万里路，读万卷书，开阔胸襟。然后下笔有神，不同凡响，此中甘苦，不经历哪会得知啊。

郑重：前人学宋元的很多，明代高手沈石田学元代吴仲圭，能得其气，然学倪云林、黄公望则不行；而董其昌学倪云林、黄公望则能得其神理，取得较好的艺术效果。你对前人学画的经验有什么体会？

唐云：石田翁学元人，颇得仲圭之气，盖其使笔沉重，效倪黄则逊之。得倪黄之刚柔相济，神韵飘逸，当推董玄宰独步。

我喜欢元代画家黄大痴、倪云林，并把他们两家笔法合为一体，和洽相称。山樵、仲圭难以混杂，人有偏好，我岂异耶？不过，元人和宋人还是有很大的不同，宋人重笔，元人重墨，行万里路，始得此法。

唐云《太平雀上万年枝》

唐云（左二）在工厂体验生活

郑重：你有一首诗写得很好："宋元那管与唐时，老眼昏花信手之。休顾旁人低首笑，自家笔墨自家诗。"你最后一句"自家笔墨自家诗"，是否就是你个人的风格？

唐云：风格不是个人刻意捏造，是自然形成的，画家只能透过多读书、多观察、多生活去进行"博"而"精"的摸索，到了一定的程度，水到渠成，创造出自己的面貌来。当然，画家的风格是否鲜明强烈，还是要由别人客观综合评论的。

郑重：你还说过："随意点笔，不知有我，而有我在，是画之无上境界，然不可多得，可遇而不可求，画之精微在此。"何谓有我？何谓无我？是否和石涛的"有我"与"无我"是一个意思？

唐云：我是我，石涛是石涛，石涛之我，非我之我。我之我，只可意会，难以言传。我就在我的作品中，你可以从我的作品中去寻找。

唐云《葫芦藤下》

郑重：你是否想过作一本话语录，叫“大石斋画语录”？

唐云：“画语录”都被前人说完，特别是一部《石涛画语录》，已经把画家的诸多体验说尽了，说透了，无须别人再说什么了。现在的绘画理论都重复前人说过的话，你说有意思吗？我劝你不要当什么美术理论家，还是当记者好，写一点实际的文字。你现在的写作的路子要坚持下去，写谁像谁，不要把文章写成万金油，套在谁的头上都可以。

郑重：你的“大胆落笔，细心收拾”是否画家作画时都采用这种方法？

唐云：大胆落笔，细心收拾，在画中是必要的。只求大胆，没有细心，作品就粗疏，就画不出气韵来；相反，只有细心，作品就无生动整体的气势，变得琐碎。所谓气韵，包括画家的人品学问，他对艺术的修养和生活的熟悉。南齐画家已懂得把画分五等标准，即妙品、能品、逸品、神品与人品。人品则为最高艺术境界。

唐云《葫芦双蛙》

郑重：在艺术及文学创作中，有一个比较流行的说法，叫“时代精神”。报纸上也做过许多讨论，谁也没有说清楚。你是怎样理解花鸟画的时代精神的？

唐云：在花鸟画创新上，首先碰到的是在广阔的自然环境中怎样选题取材，创造时代风格的问题。曾经有一个时期，似乎有这样一种看法，即提倡要表达欣欣向荣的时代精神，不画枯枝、破叶、残荷、败柳等。好像画了这些，就不符合时代精神。可是，自然界恰有四季不同的景象，草木花卉总有萌芽、成长、凋谢、再萌芽的自然规律，人对自然界的季节变化，也有不同的感受。触景生情，情景相融，有什么样的感情，就会出现什么样的画境。每个画家的感情不同，选题取材和表现的方式方法也就不同了。同一秋天的景物，枯枝败叶，有人画出秋风摇落，令人凄怆；也有人画出秋色斑斓，令人悦目。人们都知道齐白石先生是经常画残荷的，从他许多作品看来，却一点感觉不到有衰败的气象。尽管齐白石运用枯黄色调，画带破叶的大荷叶，零乱挫折；劲挺的莲柄上留着空壳莲房，莲子已经掉入泥中，还剩下几瓣殷红的荷花在画面上以充分表现深秋的景象。可是它给人们的是一种深刻的印象，是具有无穷无尽的生命力，而不是枯寂。所以花鸟画可以从正面来描绘含苞待放的花朵，也可以从侧面描写看来凋谢却潜藏着生命力的残荷枯枝。一个作者，如果没有乐观向上的精神，笔下缺乏生命力，即使画牡丹，也会流露出春寒寂寞，令人无奈的情调。可见问题不在牡丹还是残荷，而是要看画家的思想感情与怎样看待对象，怎样去刻画形象。

唐云《新安江上》

唐云《严陵滩上》

郑重：石涛说的是“笔墨当随时代”，你对笔墨与时代的关系是如何理解的？

唐云：为了表现花鸟画的时代气魄，也有拘泥于笔墨形式上的看法，以为粗放的笔调，画得满、多、大，就能表现出伟大的时代气魄。粗笔果然气势雄阔，然而细笔也有细若游丝，腕力千钧。在今天的伟大时代里，完全应该热情描绘，满、多、大可以显出大块文章，热闹场面，繁华景象，但是处理不当，拥塞满幅，也会令人沉闷。不如珍惜画面，精练笔墨，反能突出主题，醒人眼目。当然，画面上要少不嫌少，多不厌多，恰如其分才好。总之，不要限于笔墨粗细、大小、多少，主要依靠作者的正确世界观，以无限的热情对待生活，在大自然中感受吸收，积累形象，运用熟练的技巧力求形式与内容统一，不被笔墨形式所限制，时代风格也就多样化了。

唐云《白鹅芙蓉》

唐云《金梦山中》

唐云《和平万岁》

唐云即兴作画

郑重：作为花鸟画家，画的无非是花呀，草呀，鸟呀，你能谈谈人与花鸟的关系吗？

唐云：性悦知鸟性。这个鸟性是从何而知呢？这是从到大自然中去写生得来。花鸟画在古代就称写生，从观察花鸟的神态而掌握花鸟的形神，例如宋代画家易元吉，架屋深山，观察禽兽的飞鸣食宿、习性和体态，以体会和描写生动的形象。在民族绘画传统上是很重视神情的，故六法论以气韵生动为第一。花鸟画既为供人欣赏，舒人情操的艺术，就要比真花真鸟更加活泼有趣，逗人喜爱，这就需要艺术加工，如用夸张的手法加以描写。清代大画家华嵒画花鸟，就是把枝头的小鸟刻画得如久别重逢的一对好朋友在亲密地交谈一样；有时把鸟的眼睛画得特别大，很有孩子们的稚气，引人喜爱。花是静止的，但一入画面，就要灵活，变作迎风作态，婀娜多姿，构成神态飞动的美妙意境。这些传统优点都需要我们仔细探讨和继承。当然，我们在继承的同时，必须开创新的时代风格。如果现代和古代的花鸟画一样，或是真花真鸟一样，人们不如去欣赏真花真鸟，去欣赏古代的花鸟作品，那么就用不着现代人来创作了。广大人民所要求的是新的美的作品，作者就必须具有新时代的审美观念，来适应客观的要求。因此，一个花鸟画家，仅在花与鸟之间兜圈子，这对于创新来说还是不够的。创新，必须有各种修养，如政治修养、文学修养、艺术修养；不但精研民族传统，也要从世界上优秀的

唐云《荷花小鸟》

唐云《枇杷杜鹃》

艺术作品中吸收养料。

再说，自然界的东西是很丰富的。就以花鸟画取材的对象来讲，也是取之不尽的。花鸟禽鱼，各有不同的神态，在不同的季节里，更是变化无穷。这就要看画家如何去观察自然界，如何构思，如何运用技巧来取得良好的艺术效果，使它比自然界的花鸟更生动有致，画得意境深远，打动人心。

篇之贰

自家笔墨自家诗

唐云推崇石涛，不光是他的绘画，更在于他的“笔墨当随时代”的立论。从唐云的绘画中，我们可以看出他没有因循守旧的保守思想，不是用陈旧的笔墨表现现实的生活，而是使自己的艺术和时代息息相通；同时，他也不主张在创作上用简单的、庸俗的、生硬的方法去结合时代。在艺术上，他不因循守旧，随波逐流，而有自己的独到见解。正因为唐云对“笔墨当随时代”有着自家的理解，所以他的绘画艺术有着丰富的美学内涵：飘逸、旷达、浑厚、热情。

飘逸

欣赏唐云的绘画，使人感到他的天赋中就蕴藉着灵气。那种灵气，是他从客观世界中得到感受，从笔下流淌出来。这在他的小品中表现得特别突出。

他在创作中，能达到“明物象之源”，无论是山川大地，一草一木，一鸟一虫，他都细心观察，分析研究，探索特定情景中的特定表现形式。因此，在他的笔下，祝寿的鲜桃、两只八哥、枇杷与小鸡、竹篓与荔枝、墨竹与山雀、芭蕉与螳螂、冬瓜与小鸟、金丝娘与丝瓜、竹笋、白菜、萝卜、金鸡、青蛙、高洁的水仙、朴实的松树等，不只是生动真实，更在于能赋予浓郁的诗情。郁金香这种花，在西洋画中是常见的，由于中国画难以表现，所以很少见到这类作品。唐云做了多年探索，所以他笔下的郁金香，用鲜快明丽的色彩纵情着笔，画出含苞欲放的花蕾，招引得观赏者有一种期待它怒放吐香的心情，给人带来几分醉意，恰如他的题句那样：

尚留画里三分醉，
蝶也慵飞敛粉裳。
怪底芳容佳似酒，
此花原是郁金香。

唐云与油画家俞云阶在广西

简练的笔致，渗化的水墨，把小鸡的形体和茸茸的嫩毛，勾画得楚楚动人，似能闻到“啁啁啁”的叫声，使人联想到牙牙学语的孩子和金色的童年。这恰如《文心雕龙》所说“思接千载”“视通万里”的艺术境界。

唐云艺术中的飘逸之气，在他的题画诗中流露得最为深切：

午晴睡起小窗幽，人事闲来对茗瓯。
解识东风无限意，兰言竹笑石点头。

唐云写生

唐云《花鸟》

唐云《荷花》

他笔下的墨竹，正是这首诗的形象写真，往往是“从遒劲中出姿媚，纵横处见洒落”。竹子是画家笔下最常见的题材，从唐代开始就以竹入画，而且以墨竹见长，宋、元两代出现画竹高手，如文同、赵孟頫、李珩等，都赋予竹子以虚心、正直、高风亮节、坚贞不屈的诸种寓意。后人是很难超越的。唐云对竹子有着新的理解和认识，他画竹从生活中另觅新意，为竹塑造新的形象。唐云说：“竹子生长在平常甚或贫瘠的土地上，一无奢求，而它成材后对人类有着很大的贡献，我们的衣食住行都离不开它，就连作画的纸笔也是竹子的赐予，它是那样地富有

唐云《松竹梅》

唐云《兰竹》

泥土气息和浓郁的野趣。”

出于这样的理解，唐云笔下的竹子除了竹子所共有的舒展的外形，婀娜的体姿和一种清和、飘逸、洒落之气，在不同的情景下，又有不同的性格表现。风中的坚韧，雨中的傲岸，雪中的刚毅，日丽风和中的秀韵，情景的不同，风姿各异，寓刚劲于柔美，抒沉着于俊俏，别有一番姿致。

自古以来，画家都以画竹为“高人逸才”之举，高人逸才才能得竹之情而尽竹之性。所谓高人逸才，是精神超越世俗之上，因而得以保持虚静之心。因为是虚静之心，竹乃能进入于心中，主客一体。此时不仅是竹拟人化了，人也拟竹化了。唐云对竹子生性的了解，不是从书本上学而知之，而是在杭州、富阳生活期间，常与竹游，以竹为友，从体验中得来。所以他能在精神上把握竹子的整体生命，从而在笔下表现出竹的精神。

旷达

如果说唐云艺术中的逸气，不是远离尘世的寂寞，而是清幽淡雅的话，那么他的旷达更如远上白云的黄河，势拔五岳的天姥，飞流直下的瀑布，表现出高、远、气、势。这在唐云画的横幅山水《黄果树瀑布》中表现得尤为突出。数尺长的横卷，画着连绵不断的群山，黄果树瀑布居高临下，垂直跌落，水光四溅，真有气压群峰、声吞大地之势。画上题着：

龙惊不敢水中卧，猿啸时闻岩下音，此太白题黄山百丈泉之句也。昔游黄果树瀑布，见其气雄势壮，惊心动魄，非此二句不足壮之。一九八一年新秋三十日写应海滨同志赏之。杭人唐云并记于大石斋。

同样，他画《黄山长松》时，所写的“山灵畏我黄山住”那首诗，那种“墨激长松十万株”的气概是很动人的。数十年后，他重上黄山写虎头岩景色时，仍然回忆着“与友人小饮于此间，时值中秋，皓月当空，万籁无声，极一时之乐，酒后写大幅长松……”无论是画，是诗或是文，都表现出唐云的气度非凡。

唐云的旷达不是表演性的，而是发自内心，出于自然。他在一幅山水画的题跋中，记述了自己作画的心情：

山川出云为天下雨，予每喜图此，觉胸中浩然之气勃勃从十指间出也，任凭天地之大，缩之尺幅间，可与识者共赏。大石翁记于山雷轩。

特别值得注意的是“觉胸中浩然之气勃勃从十指间出也”这句话，就是蓄之愈久，泄之愈猛，一发而不可收。这是自然的流露，心中无所顾忌，无所考虑，像作诗一样，一吐为快。这是如同庄子说的“充实不可以已”的一种强烈的艺术冲动。正由于唐云有这样的强烈的艺术冲动，所以才创造了许多令人难以忘怀的艺术品。

唐云《千里澄江》

现实——冲动——绘画，这一过程就是艺术的转换。这种艺术的转换不是一般的画匠所能实现，而是像唐云自己体会的那样，“开阔胸襟，然后下笔有神，不同凡响”。对往昔的事物“浑如一梦”，然后达到“怡情忘忧”的心境。虽有着清高拔俗的“独与天地相往还”的雅趣，但又不是“高处不胜寒”的高高在上、下临万物的空中楼阁，而是能做到“不傲睨于万物”“不谴是非，以与世俗处”。正因为唐云没有脱离人间烟火，来于生活，而又常驻于生活，所以他的艺术虽然旷达，却没有自命不凡的傲气，而是使人感到它的可亲近，可相处。这种气息在唐云笔下的荷花中流露得最为鲜明。自周敦颐的《爱莲说》问世，荷花就成为“出污泥而不染”的艺术形象，曲高和寡，亭亭玉立。唐云也是以白荷见长，花瓣呈三角形或四角形，只用淡墨勾出，花蕊和瓣边浅施粉黄，表达出素雅高洁、平静而又静谧的风姿，并不显得傲岸骄睨。唐云之所以能达到这样的意境，是因为他已从相传的“一花独放”的格局跳了出来，使荷花与水藻、芦草、浮萍、游鱼、蜻蜓或小鸟相互映衬，画得充满生气，润泽兴茂。

浑厚

唐云的绘画艺术由飘逸走向浑厚，有他自己的诗为证：

少作名山汗漫游，笔驱文沈与唐仇。
老来不觉聪明减，聊尔赠君一笑休。

对老而弥坚的唐云来说，到了晚年，聪明并未衰退，只是说明他的画风变了。在唐云的飘逸风格中，那种特有的清气和灵气，是海上画坛所公认的。欣赏唐云的画，如果不能领悟到画中的灵气，那就是没看懂他的画。“聪明减”就是他的艺术中的灵气渐渐地由浑厚所代替，由轻灵走向老辣。风格的转变，很难有一条截然分界线，总是飘逸中有浑厚，浑厚中有飘逸，有时是飘逸的风韵多一些，有时是浑厚的风韵多一些。唐云画中浑厚风韵的出现，应该在画《朵朵葵花向太阳》的时候。以向日葵入画的，在世界上没有几个画家。在西方有印象派的开创者莫奈和后期印象派梵高，中国则有林风眠和唐云。东西方的绘画不同，从他们的风格表现可以看出各人的性格。莫奈的《向日葵》表现的是色彩和光，黄色的葵花，绿色的叶子和紫褐色的台布及色彩缤纷的背景，达到色彩的丰富与协调。梵高的《向日葵》用了比较浓烈而单纯的色调，表现了向日葵刚正和洒脱不羁的姿态，向日葵的花朵似乎在发怒，叶子似乎在咆哮，一种不安、激荡的情绪从画中表现出来。林风眠的《向日葵》是四朵葵花朝着一处方向，显然有着“向太阳”的寓意。这幅画创作于1959年，原题为《朵朵葵花向太阳》，虽然讲究色调，取得墨彩交融的艺术效果，但显得过于平静，和他平时的那种浓郁而含蓄的风格有所不同。唐云的《朵朵葵花向太阳》显然是受了前者的启发，特别强调了“向太阳”的寓意。但朵朵葵花给人以动态感，把向日葵的磊落大方、热情奔放的性格表现了出来。在色彩的对比上特别强烈，金光灿灿的花瓣，紫褐色的花盘，墨绿色的葵花叶子，和他已往的单纯、明净的用色相比，已明显地表现出浑厚。这种色彩上的变化，据他自己说是受了西方印象派用色的影响。这一变化，使唐云的艺术走向新的阶段。如果说欣赏唐云以前的画如吸吮清泉，沁人肺腑，欣赏他《朵朵葵花向太阳》以后的画，则不像吸吮清泉那样爽利，而需要咀嚼几下才能品评出味来。20世纪80年代，唐云病愈之后，他的画风又为之一变，彻底走向浑厚质朴了。唐云本来用墨滋润，用笔快慢疾徐的节奏控制得特别好，而病后用墨及用笔却有变化，多用焦墨枯笔，用滞笔，以厚重代替轻盈，以拙朴代替灵巧，寓诗意于写实之中。他为宾馆、饭店、车站、码头创作的宏幅巨制，常常能给人以泰山压顶之势。

中国画家常有“衰年变法”的故事，齐白石、黄宾虹都是过了八十岁之后，艺术才走向成熟，明代的沈石田也是到了晚年，他的作品才发

唐云《别浦高楼》

唐云《葵花朵朵向太阳》

唐云《栩栩蘧蘧》

生变化。由此画坛上有“愈老愈辣”之说。对此，唐云不以为然，他认为：“有的画家是愈老愈辣，但也有不少人是愈老愈差，老而走向荒率、粗疏、俗不可耐的也大有人在。不过人老了占些便宜是常有的事，我知道自己是越画越退步，捧场的人反而说我比过去画得好，这就是占了年纪大的便宜。”唐云是快人快语，笔者认为这是他的由衷之言。笔者深知唐云是很留恋他自己画中的灵气的，很留恋已往的清新飘逸。到底清新飘逸好，还是浑厚质朴好？各领风骚，各有所爱。不过一个画家的艺术风格的转变，似乎常常不是由画家的主观意志所能决定的，画家手中的笔和他头脑中的愿望往往协调不起来，有时甚至会朝着相反的方向走去。唐云不是“大器晚成”的画家，从青年时期起，他在绘画上就表现出才华横溢。清新飘逸是唐云，浑厚质朴也是唐云。唐云的变化不是由差走向好，能给人一种震动，而是两个时期，两种风貌，可以说融二美于一身，这就是唐云的艺术。

热情

唐云在鲁迅故居百草园

乐观、热情是唐云绘画艺术的主调。不管是清新飘逸，还是浑厚质朴，其情绪总是乐观、热情，给人以充满信心之感。这种热情固然可以从《山花烂漫》《映日荷花别样红》这类作品中表现出来，就是在那《水墨兰竹》中，也使人似乎听到了淅沥雨声，淡淡清香。他画的《放翁诗意图》，虽然画的是古诗，却能反其意而行之，化淡漠为热情，把闲情变成忧愤的激情。陆俨少曾题《唐云放翁诗意图册》云：

药翁山水出于石涛，而一种生拙重秀为其独得，故非石涛之所能尽也。能益多师，遂“此凌驾前贤，骎骎欲度骅骝前矣”。此为吾家放翁诗意册，曾在困厄之中，百无聊赖，因此为抒忧，故傲兀不平之气，往往见之笔墨间，情有所注，尤为合作。智毅同志得之，宜深深珍藏宝爱之。癸亥七月暑退渐凉陆俨少沪上之晚晴轩。

唐云绘画艺术中流露出来的热情，不是靠诗句来进行解释的，而是

唐云《弄影沙上》

他用笔、用墨的独到之处及画的自身意境显现出来的。唐云运笔的节奏感和用笔的浓淡清华滋润感，构成了他的笔和墨自身具有的生命力。再加上他构图奇特，布局周密，使他的画处于动静有致的状态之中，静中有动给人以活泼，动中有静给人以安稳。这诸多的艺术因素，构成了唐云的绘画不是冷漠的，而是热情的；不是消极的，而是进取的。他画水有声，画竹有风，画山有灵，画人有情。他的《钟馗》以破扇遮面，两眼有神，非常动情传情。他画的《竹枝松鼠》就表现出竹枝拂动、松鼠欲跳的动态，正如他的诗写的：

> 昨宵微雨又轻雷，晓对青光扫麝煤。
> 山鼠忽从何处下，逗人如欲入窗来。

如果他的画不能进入这种意境，就是再好的诗，也写不出人对画的感受，只不过画是画，诗是诗，使诗画分家罢了。诗只能是对画的一种补充，不是画的说明书，更不能以诗代画。“诗中有画，画中有诗”，正如不是所有的诗都能写出画意一样，也不是所有的画都能蕴含着诗情。唐云的诗与画浑然一体，真的像苏东坡所说的“诗画本一律，天然出清新”了。

唐云《杜鹃》

篇之叁

是二是一，我佛无说：吃茶去

茶和酒一样，是唐云生命中不可缺少的。如果说酒能使他的画兴诗潮勃发，对艺术和人生产生一种冲击力的话，那么茶则能把他引入对画境诗意的深思，艺术之浩浩，人生之悠悠，禅机哲理萦绕于心头。笔者曾在大石斋中，看到他作画，激情喷发，水墨挥洒，似不知人间还有别样的快乐。正当画到欲止难止的时候，又看到他戛然收笔，然后又将墨气淋漓的画幅悬挂于壁端，他自己则坐在椅子上，拿起紫砂茶壶，慢慢地斟一杯，呷了一口，对着画幅细细地品味起来。一动一静，判若两人。

是对茶的品味？是对画的品味？是对人生的品味？

或许是画与人生，尽在茶中吧。

唐云好酒，每天也只不过是两餐而已，并不像魏晋时代的酒徒，终日沉湎于酒气之中。而唐云对于茶，可以说无时无刻不在啜茗。清晨起床，他的第一件事就是饮茶；夜晚入睡之前，一天的最后一件事还是饮茶。

饮茶是唐云起床后的第一件事

郑重：茶与酒，到底哪个对你更为重要？

唐云：都重要，酒有酒的妙用，茶有茶的功能。不过，我在梦中常常是饮茶，而不是饮酒。

郑重：我以为苏东坡有三绝：酒饮绝，肉吃绝，茶啜绝。你可以与坡翁相比。

唐云：实不敢相比于坡翁。他还有一绝：诗写绝。饮酒、吃肉、啜茶的诗，都被坡翁写绝。我辈虽然有酒、肉、茶三绝，但诗不敢和坡翁相比。不过，坡翁的有些诗欢喜套别人的路数，我则认为不可取。

郑重：钱安道寄了建溪茶给坡翁，坡翁曾有诗相寄，其中起首两句“我官于南今几时，尝尽溪茶与山茗”。你现在也可以说是“尝尽溪茶与山茗”的了。

唐云：我比坡翁喝的茶要多。古代的名茶可以说得出来的无非是“蒙顶茶”“顾渚茶”“阳羡茶”之类。蒙顶茶产于四川的蒙山。古人就有诗云：“蒙山之巅多秀岭，恶草不生生淑茗。”蒙山在古代就很有名气，相传大禹治水成功，祭祀于此山。《茶谱》曾记载，蒙山有五顶，上有茶园，中顶称上清峰，产茶最佳。如饮中顶茶一两，可治宿疾，二两可保无病，三两能固肌肤，饮四两即可成“地仙”。这话自然是夸张的，我曾饮“蒙顶”数斤，也没有成佛成仙，仍然在地上。《蒙山县志》亦有记载，大意是：汉时有甘露普慧禅师，植茶树七株于五峰之间，树高盈尺，常绿不长，吐纳日月精华，少饮可疗宿疾，久饮可以长寿，称为“仙茶”。七株以外的茶树，称为“凡种”。这种传说就如同现在的广告，广而告之，蒙顶茶的大名随即不胫而走，因而有“凡蜀茶皆出雅州蒙山”。所谓蒙茶，其实有不少是冒牌货，像现在的“伪劣商品”一样。阳羡茶即江苏宜兴的山茶，顾渚茶即是我们浙江长兴顾渚所产的茶。这些都是誉满全国的名茶。“江山还要文人捧”，茶也是这样。喜欢饮茶而又欢喜钻牛角尖的文人雅士，著作“茶道”的书，对各地名茶的品尝，又留下许多有关茶品的记述和诗词，这正是“喝了人家的茶，就成了人家的人”，不捧几句怎么能行？陆羽在《茶经》中说：“蒙顶第一，顾渚第二。”我看不一定，这里有各人的饮茶习惯和爱好。古代名茶中还有建安的龙团，也就是钱安道寄给坡翁的那种茶，喝了人家的茶，坡翁当然要作诗奉答的了。

郑重： 名茶都与名山有关，你们杭州的龙井与山有关，那是不用说的了，其他还有黄山毛峰、君山银针、庐山云雾、洞庭山的碧螺春、武夷山岩茶、蒙顶甘露、峨眉山峨蕊子……而且又大都是在长江以南，像皇甫曾的“千峰待逋客，春茗复丛生”，武元衡的“灵卉碧岩下，荑英初散芳”，张籍的“紫芽连白蕊，初向岭头生”，杜牧的“山实东吴秀，茶称瑞草魁”，李群玉的“客有衡山隐，遗予石廪茶”，徐夤的“武夷春暖月初圆，采摘新芽献地仙”，林逋的“白云峰下雨枪新，腻绿长鲜谷雨春”，梅尧臣的“四叶及三游，共家原坂岭”，等等。这些写茶的诗，起首之句，无不和岭、峰、山、岩有关，真叫名山出好茶啊。

唐云： 茶无不和山相关，也无不和僧相关。东汉后，佛教渐浸中国，许多名山都成佛教圣地。像蒙顶山的上清、菱角、灵泉、甘露、毗罗五峰，也都是佛教圣地，其名也都与佛教有关。茶能提神，山僧参禅打坐，需要饮茶却睡，因此成瘾，于是在寺庙附近选择佳地，种植茶树，并精心采制。唐代“茶博士”陆羽，幼年就生活在佛寺中，从老和尚那里学会了制茶和烹茶的技术，对茶有着浓厚的兴趣。唐御史大夫李季卿，宣慰江南时，曾命陆羽制茶，陆羽“衣野服，随茶具而入，手自烹茶，口通茶名”。茶罢，李季卿称他为“茶博士”。“南朝四百八十寺，多少楼台烟雨中”，这一方面说明了佛教的盛行，另一方面也说明了佛教圣地的自然环境。这些地方雨多，雾重，湿度大，很适宜茶树的生长。北方的佛寺名山也不少，但很少有产茶的。南方茶的盛行，与自然环境有着很大的关系。寺中的许多高

宋人《十八学士图》（局部）

僧，都博学能诗，以诗文会友，常和骚人墨客在一起品茗清谈，吟赋作诗；或以所制新茶，馈赠诗朋文友，请其品题。刘禹锡曾在顾渚山寺庙里品尝寺僧所制新茶，就写了一首《西山兰若试茶歌》：“山僧后檐茶数丛，春来映竹抽新茸。宛然为客振衣起，自傍芳丛摘鹰嘴。斯须抄成满室香，便酌砌下金沙水。骤雨松声入鼎来，白云满碗花徘徊。悠扬喷鼻宿酲散，清峭彻骨烦襟开。阳崖阴岭各殊气，未若竹下莓苔地……欲知花乳清泠味，须是眠云跂石人。”你读读这诗，把饮茶的感受写得多深刻，多生动。

宋人《十八学士图》（局部）

郑重：哦，对了，提起刘禹锡的这首诗，我记得其中还有两句："砖井铜炉损标格，何况蒙山顾渚春。"这是评论使用哪种茶具饮茶最好，刘禹锡认为金属茶具是"损标格"的，可是北京人喝的"大碗茶"都是用大铜壶煮烹之。我小时看到有钱人家用水晶、玛瑙、玉器做茶具，《红楼梦》中妙玉接待宝玉，就是用"绿玉斗"茶碗沏茶。我们家乡农村，则是用铁锅煮水，用粗陶碗饮茶，我很欢喜那种"土气"的古朴之风。那粗陶碗，当然不好和你的"曼生壶"相比了。你是否认为宜兴的紫砂茶具是最理想的茶具呢？

唐云：就我个人来说，认为宜兴的紫砂茶具是最理想的。紫砂茶具的壶体里外都不上釉，但成陶的火度较高，非你家乡的粗陶碗可与之相比。宜兴陶具烧结致密，胎质细腻，有看不见的气孔，有透气之妙用。它经久耐用，能吸附茶叶，积茶锈于器壁，蕴蓄香味，传热缓慢，冬天温而不烫，暑天存茶，不易变馊。至于瓷器、玻璃杯等茶具，也都各有妙处，景德镇的白瓷，泡上绿茶，就有一种高雅的意境。玻璃透明，泡上一杯碧螺春，不只是看到嫩绿的颜色，还能看到茶叶的浮动，把人引入另一种境界。玉器和玛瑙茶具，则不入我这村野人家，除了表示主人的华贵，是不会给饮者什么清福的。对金属茶具，不管是金质或银质，向来不为茶道行家称道，多为摒弃不用。

品茗是一种享受

郑重： 就我所见，先生喝过的茶叶可谓多矣，什么乌龙茶、铁观音、猴魁、碧螺春、龙井、瓜片、毛峰、旗枪、祁红、屯绿，不知你认为哪种茶叶最好？你没有喝过我们家乡的桑叶茶、棠梨叶茶及簸箕柳（可以用来编筐打篓的荆条）叶茶。桑叶茶多为经霜而发黄的桑叶，以白桑树叶为佳，棠梨树叶以盛暑采之为佳，簸箕柳叶多在端午节清晨，太阳未出时带露水采之为佳。

唐云： 你说的桑叶茶、棠梨叶，我也喝过，味涩清苦，清热去火极佳。至于其他各种，各有各的妙处。唯龙井的“三名”与“四绝”是别的茶所没有的。其他各种茶名与产地都不符，唯龙井既是地名，又是泉名，还是茶名，可谓“三名”。龙井茶最初产于西湖南面的龙井村，古称“龙泓山”，今称“龙井山”。幼时，我亦听老人称龙井为龙泓。山上有泉，古称龙泓，今称龙井。明代田艺蘅《煮泉小品》中就写道：“今武林诸泉，惟龙泓入品，而茶亦惟龙泓山为最。盖兹山深厚高大，佳丽秀越，为两山之主。故其泉清寒甘香，雅宜煮茶……又其上为老龙泓，寒碧倍之。其地产茶，其为南北山绝品。鸿渐第钱塘、天竺、灵隐者为下品。”田艺蘅还称龙井茶为“茶泉双美，两浙罕伍”。陆次云也说：“龙井茶直煮，甘香如兰，幽而不洌，啜之淡然，似乎无味，饮过之后，觉有一种太和之气，弥沦齿颊之间，此无味之味，乃至味也。”古人的评语，已经探幽入微，何须我辈细说，如对龙井茶的独特风格没有深切体会，是得不出如此高论的。龙井茶因所产的山地不同，又分“狮峰龙井”“梅坞龙井”和“西湖龙井”。以狮峰龙井为最佳，西湖龙井则列入三等，现在制茶已不细致，又统称西湖龙井。龙井向以“形美、色翠、香郁、味醇”而称“四绝”，此特点已由陆次云一语道尽矣。乌龙茶有福建乌龙、台湾乌龙和广东乌龙，有“绿叶红镶边”的特点。福建和广东乌龙茶，过去吃过，最近台湾的朋友，又带来台湾乌龙，有着清苦的芳香，因不常品尝，说不出更多的体验来。前几年到武夷山，对那里的茶吃过一些。武夷山茶的茶名颇多，都属乌龙茶的系列，在幔亭峰、天游寺，吃的茶同属武夷，但味道略有不同，别人说有一种“岩韵”，我感到这话有点玄。其中有一种叫“大红袍”的茶，因有着传说，印象颇深，据说此茶产于悬崖峭壁，人莫能登，寺僧就饲猴子去采摘。有人说：“一般乌龙茶是小家碧玉，而武夷岩茶却是大家闺秀。”袁枚似乎也到过武夷山的，在他的集子中有记载。你有印象吗?

郑重：对，袁枚去游过武夷山，曾写过《随园食谱》之类的小品，记述此事。

唐云：你还记得他是怎样写的吗?

笔者找到《随园食谱》，文云：余游武夷，至幔亭峰、天游寺诸处，僧道争以献茶。杯小如胡桃，壶小如香橼，每斛无一两，上口不忍遽咽，先嗅其香，再试其味，徐徐咀嚼而体贴之，果然清芬扑鼻，舌有余甘。一杯之后，再试一二杯，令人释燥平矜，怡情悦性。始觉龙井虽清而味薄矣；阳羡虽佳而韵逊矣。颇有玉与水晶，品格不同之感。

亚明《饮茶论诗》

唐云：这段文字写得是不错的，但不能以此来非彼，味浓的要饮，清淡的也要饮，我看只让随园喝乌龙茶，他也是吃不消的。至于其他绿茶，名目繁多，光是你们安徽就有许多种，这里不能一一尽述矣。

郑重：白居易诗“蜀茶寄到但惊新，渭水煎来始觉珍”。陆放翁诗“村女卖秋茶，怀茶就井煎”，谢宗可说“夜扫寒英煮绿尘”，都是说水和茶的关系。白说江水煎茶好，陆说井水煎茶好，谢说雪水煎茶好。还有些茶馆的门上也挂着对联：“扬子江中水，鸟蒙顶上茶”；“虎跑泉好，龙井茶香”，讲的也都是茶和水的问题。再说，你的曼生壶上有一个壶铭就是“试阳羡茶，煮合江水”，讲的也是茶和水。《红楼梦》中宝玉品茶栊翠庵，妙玉用埋了五年的雪水煮老君眉名茶，茶味醇香，清冽无比，讲的也是水。到底什么样的水煎茶最好？

唐云：我以为泉水煎茶最好。你看我那楼梯上的一个个塑料桶，装的都是无锡惠山的天然矿泉水。你刚刚喝的茶都是用矿泉水煎的，味道怎样？恐怕你还没有注意品尝吧。水和茶的确有很大关系，有江河水、湖泊水、山溪水、泉水、井水、雪水、雨水和自来水，各种水质不同，泡出的茶来也有所不同。取汲虎跑泉水，泡饮龙井之茶，那就是两美兼并。现在饮茶能两美兼并的不多啊！去年我在杭州，听茶叶研究所的人说，他们曾用虎跑泉水、西湖水、雨水、井水和自来水，分别泡同样的龙井茶，评比水的优劣，以虎跑泉水冲泡为最佳，以下的次第为西湖水、雨水、自来水、井水。井水泡的茶，茶的水色欠亮，带有碱味，香气也差。对饮茶用水，我国向来很有讲究的。唐朝的茶博士陆羽，在去湖州的途中，路过长江，恰巧与李季卿相遇。两人泊舟江滨，畅谈品茶情趣。陆羽认为煮茶用南濡水为第一（笔者注：唐时长江流经镇江的金山，分为南濡、中濡和北濡三路），李季卿就命家童去南濡汲水，以供煮茶。家童汲水回来，陆羽一看便知家童汲的是江边之水，不是南濡水。家童说，我是划船到江中汲水，岂敢有误？陆羽也不说什么，提罐倒去一半，然后说：这剩下的倒是南濡水了。家童大惊，不敢隐瞒，只得实说：我到南濡汲水回来，将要靠岸时船身摇晃，罐中水溢出一半，只好就近补足。这无非说明水的重要。山泉水为什么好，我只觉得泡茶的色、香、味俱佳，其中的科学道理，留给科学家去说吧。

郑重：唐云大石斋中有一陶质三足小炉，每到入冬，斋主即亲自煮水沏茶，并与笔者谈及沏茶的学问。我忆及苏东坡诗云：“活水还需活火煮，自临钓石取深清”。其弟子由亦有诗云：“相传煎茶只煎水，茶性仍存偏有味。”坡翁煎茶诗中，以《试院煎茶》最为著名，对水的煎法写得尤为细腻：“蟹眼已过鱼眼生，飕飕欲作松风鸣。蒙茸出磨细珠落，眩转绕瓯飞雪轻。银瓶泻汤夸第二，未识古人煎水意。君不见，昔时李生好客手自煎，贵从活火发新泉……”

冷枚《耕织图》（局部）

唐云：又是你的坡翁，你怎么这样迷他呢？其实他是不会亲自动手煮水的，有朝云在他身边，怎么会自己动手呢？什么“鱼眼”“蟹眼”的，他只不过站在旁边看看罢了。你要想亲身体会，就要跟我学煎茶。苏东坡的“鱼眼”也是从陆羽的《茶经》中套来的，泡茶的开水温度对茶水的好坏有重要影响，开水煮沸的程度至关重要。《茶经》中说：“其沸，如鱼目，微有声，为一沸；边缘如涌泉连珠，为二沸；腾波鼓浪，为三沸。”煮水以三沸为好，再沸腾下去，水就老了，不能泡茶。《煮泉小品》中，对沏茶的汤水讲得更多了，如《吕氏春秋》中伊尹说：“汤五味，九沸九变，火为之化。”又说：“汤嫩则茶味不出，过沸则水老而茶乏，惟有花而无衣，乃得点瀹之喉耳。”又说：“有水有茶，不可无火。非无火也，有所宜也。前人云，茶须缓火炙，活火煎。”什么叫活火？你看这炉内之火有焰，火焰在晃动，所以为活火。刚刚烧沸的开水，最好冷一会儿再泡茶，而且不可泡得太久，不然的话汤色变暗，香气散失，有闷热味。这当然要根据茶的品类而论，如乌龙茶、普洱茶或铁观音茶，由于叶片粗厚，每次用的茶叶量又较多，那就要用沸腾的开水泡，才能泡出浓厚醇和的茶味来。

郑重：人都说茶能减肥，你喝了一辈子的茶不但没有减肥，而且越来越胖。

唐云：小大由之，随他去吧。

世界上的东西都是“相引而来”。既然唐云以藏壶、饮茶名于世，对茶叶罐当然也是欢喜的了。不只是他去寻找茶叶罐，别人发现好的茶叶罐，或奔走相告，或代为购买，这样就有许多名人使用过的茶叶罐汇集到他这里。

有一次，唐云去古玩市场，看到一个沈尧臣制作的茶叶罐子，原是丁辅之的旧物，不知为什么流散到古玩市场。丁辅之是唐云的老朋友，按理说，唐云喜欢茶叶罐，丁辅之应该是知道的。但是，那时的朋友之间有一个不成文的相约：朋友之间有困难，有力则相助，无力就相慰；不助不慰，也不向朋友购买故物。困难者即使要变卖旧物，也不要朋友来买，卖和买都是古董商从中经手。唐云知道丁辅之变卖家中的旧物，知道丁家有了困难，立即送款去资助丁家。

办完这一切之后，唐云从古玩市场把这个锡制的茶叶罐买了回家。

沈尧臣是明末的制锡工艺人，他制作的锡器特别精致，在当时就有“张铜沈锡”的盛名，这只茶叶罐上有铭文：“爱甚真成癖，赏多合得仙。”罐底刻有“君子永年”的字样。

钱谷《惠山煮泉》

在唐云收藏的锡器中，还有沈尧臣的长兄沈雝（存周）制作的“瓜形水壶”。壶上刻有诗句：

绿荫漫竹架，瓜熟喜新秋；
堪作学人馔，恬然兴味幽。

那个刻有“眉上白”的茶叶罐，还刻有“泽润诗花”的字样，刻的诗句为：

垂叶似碧，结实如金，
书窗闲对，抱膝长吟。

诗后落款为“竹居主人”。这位“竹居主人”不知为何许人也，如果真的九泉有灵，知道他的旧物现在归大石斋主人唐云收藏，定会感到欣慰，含笑于九泉之下。

“藏而不露”，这是许多收藏家一种共同的怪脾气。这样，无形

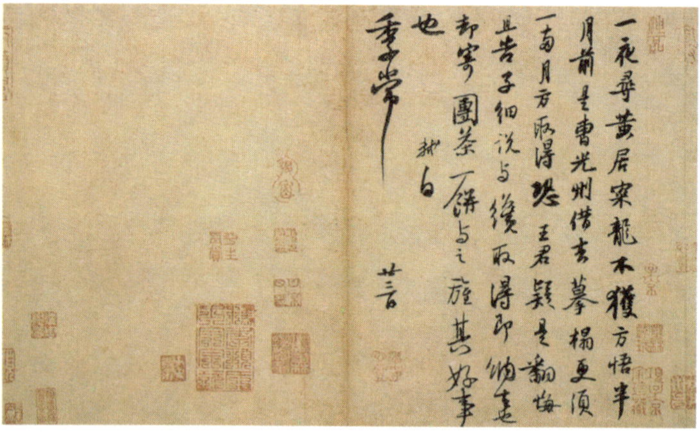

苏轼《致季常尺牍》

茶可会友，茶能助兴

中就把收藏与实用对立起来。唐云则不然，他说：“我不想用古董来装饰，我要用，能使用的东西我就使用，字画我就挂起来，自己看，也给别人看。这样才能体会到收藏的乐趣。”他收藏的八把“曼生壶”，就像普通的茶壶那样，轮流地使用。他收藏的茶叶罐，也都是手下常用之物。有一次，日本的一位客人到上海博物馆，看到一把“曼生壶”，喜不自禁，以一饱眼福而自豪。后来，这位日本客人到唐云家中做客，看到唐云用曼生壶煮茗相待，客人感到手足无措，以为唐云把他当作最高贵的客人，感谢唐云待之甚厚。唐云莞尔曰：“此系身外之物，当常用之；只有常用，才能变成身内之物，方能达到物我两忘。世人多不知此。”

唐云对藏壶虽自榜为“身外之物”，实则他爱之如生命。那些名壶在他手边虽然常用，但壶身则一尘不染，都擦拭得锃亮。不用时，有的用布套套好，有的用纸包好，然后再放进特制的锦缎盒子里，一般不肯轻意示人。有一把他用了三十八年的“曼生壶”，因他自己不慎而被打破，他不是心痛，而是感到极为愧疚和不安，他对笔者说：“我这是造了孽，流传于世几百年的茶壶，竟然葬送在我的手里。”

篇之肆

崇尚自然的中国茶道

药翁好茶，崇尚自然，不重“茶道”。他常说：“有道无道，只有天知道。”

文征明《惠山茶会图》

郑重：日本对中国文化善于吸收，又能在吸收的基础上发展成自己的文化。如中国书法传入日本，他们便有了“书道”，剑术传入，便有了“剑道”；围棋传入，便有了“棋道”；拳术与气功传入，便有了“柔道”；茶传入，便有了“茶道”。你到日本访问，又多次接待日本客人，在大石斋品茗论茶，不知你有没有和日本人讨论过“茶道”的问题？

唐云：茶道是日本特有的文化艺术。在访日期间，他们知道我是以藏壶与饮茶而自娱的，就专门为我举行了一次“茶道”。所谓“茶道”，就是吸收中国的煮茶、品茶方法而创造的一种特殊形式和仪式的茶会。茶道是在面积不大的茶室内举行。茶室的器具一般，台几上放着插花，墙上挂着一般画家的画。茶室中间放着陶制的炭炉和陶釜，是用来烧开水的，炉前排列着茶碗和各种用具，也都属于一般的陶瓷制品。

入座之后，有茶师主持仪式，用竹制的小匙把“末茶”放在茶碗中，待水沸冲沏后依次递给宾客品尝。冲茶、递茶、接茶乃至加水、品茗，都有一定的礼节和规范。品茶时，饮茶之前双手捧茶碗，表示赏玩碗上花纹及碗的质地，然后才能轻轻地啜上一口。饮茶形式也有两种：一碗茶由全体客人轮饮，即每人饮一口；或是每个客人各饮一碗。茶道所用的末茶也有两种，一浓一淡。有一种略带苦味，所以几上备了些甜点心。

郑重：从一些资料中，我知道日本的茶道形成一种精神，其核心为“和、静、清、寂”四字，从茶室的环境，茶道的仪式，或是饮茶人的心境，都要贯彻这种精神。客人来了先静坐，入室后主人行献茶礼，饮茶一巡，客人表示对主人的谢意，并称赞为“好茶”，然后又默默相对，彼此体味互敬精神，领略清静、悠闲、空寂的“美”。不知你对此是否有些体味？

唐云：我很不习惯日本的茶道。饮茶本来就是一种闲适的享受，但茶道仪式，使人要在拘谨、神秘和严格的气氛中度过，全身都感到紧张，哪里还能体会到“和、静、清、寂”的意境。

郑重：日本茶道精神“和、静、清、寂”的形成，有着一个历史过程。如果从历史的渊源来说，日本的饮茶风俗是8世纪（奈良时代）从中国传入的。据历史记载，从7世纪到9世纪二百多年间，日本派遣使者到中国有十多次，使团人数少则一二百人，多则五六百人，其中有不少到中国来留学的僧侣。中国茶传到日本，有确切史料记载的是在唐贞元二十年（804），日本的最澄法师到中国浙江天台山留学。你们浙江的天台山既是佛教圣地，又是“华顶云雾茶”产地。

唐云：我很欢喜华顶云雾茶，我的朋友王小摩经常由天台给我带这种茶来，但制作不精。

郑重：日本佛教中的“天台宗”就是最澄法师传入的。他不仅传播佛教，而且把茶树的种子带回日本，种植于近江的台麓山。其后，日本僧人空海法师到中国长安青龙寺留学，回国时（806）也带回茶籽，还把茶具石臼带回日本。可以说日本僧人在传播佛教的同时，对中国茶文化的传播起着引领的作用。到了12世纪，日本僧人荣西法师曾两次来中国天台山留学。第二次在中国留学长达五年之久，于1191年回日本，也带回了茶树的种子，并用中文著作《吃茶养生记》一书。在书中开宗明义地写道：“茶也，养生之仙药也，延龄之妙术也。山谷生之，其地神灵也；人伦采之，其人生命也。”他还批评那些怀疑饮茶功效的人是“不知茶德所致也”。

唐云：应该说，荣西来华之后，开始注意到中国茶文化的精神内容。荣西来华时，正值我国南宋时期。中国茶文化发展到南宋，已经相当成熟了。龙团、凤饼茶已出现，茶具也很讲究了，特别是宫廷的饮茶，可谓是茶精器奢。但是荣西对此了解得不多，只是把流传在民间的“末茶法”带到日本，将天台山的茶碗也视为珍宝，在日本的各大寺院中推行中国佛教的茶宴。在这一时期，日本的茶宴崭露头角。

郑重：是的。由于荣西的提倡，日本饮茶之风盛行，社会上以茶来进行交际和娱乐，僧人利用茶来布道弘法，陶冶性情，这样就出现了各种茶会。上层人物的茶会叫“茶数寄”，设备豪华阔绰，以用中国茶

唐云和邵宇

具为荣；民间一般茶会叫“茶寄舍”，设备比较简陋，用的是本国土产陶瓷茶具。室町时代（相当于中国明代），奈良称明寺的和尚村田珠光（1432—1502）把“茶数寄”品茶论质的内容和“茶寄舍”的简单形式结合起来，创造了茶道，称品茶之所为“数寄屋”。后来，日本的茶道大师千利休（1521—1591）对茶道进行了改革和简化，使茶道在民间广为流传，并把茶道的根本精神概括为“和、静、清、寂”四个字。

唐云：这和佛教的禅宗有一定的关系。日本到了镰仓时代，残留的名门相继没落，加之日本又处在战乱后的萧条时期，人们产生了悲观厌世心理，许多城里人跑到乡下，大有看破红尘的味道。加上天台宗许多大师本人就是禅师，在日本产生了影响，禅学的宗旨与当时人的心理相接近，禅学思想成为日本茶道主流。他们在饮茶中追求“恬淡闲寂”，正式提出“茶禅一位”，把禅功也放入饮茶动作。他们还破除茶亭，专以茅庐、草舍、榻榻米作为饮茶场所，拼命追求“粗朴”。

郑重：日本茶道固然是以禅宗思想为核心，但他们并未把握中国茶文化的精神，学的也多是烹茶、制茶的技艺和形式。中国茶文化是以儒家思想为核心，融儒、道、释为一体。比如茶壶的“壶”，就是从道家葫芦引申而来，你的大石斋里不就珍藏着一把“匏壶”吗？壶本来就是匏瓜，也就是葫芦。比道教创始人老子还要早的就是壶丘子，元代道士长春真人丘处机居住的长春宫则有匏瓜亭，明代刘静修还题诗曰：“匏瓜陨白天，中涵大虚气；造物全其真，世人苦其味……”

唐云：你的意见是对的，中国茶文化的核心思想还是儒家学说。陆羽的《茶经》中许多地方都反映出儒家思想，“夜半客来茶当酒”就表现出儒家待客的中庸和谐思想。唐代的刘贞亮，他把饮茶的好处概括为“十德”，主要是讲茶对人体的功效，不过其中四条是讲饮茶的社会作用，如“以茶利礼仁”“以茶表敬意”“以茶可行道”“以茶可雅志”，意思是说饮茶可以贯彻儒家的礼、义、仁、德等道德观念。

唐云在北京钓鱼台

我之所以对日本的茶道兴趣不大，就是因为它不自然。中国茶文化崇尚自然。你来了，我把小炉子点燃起来，沸水泡好茶，我们自斟自饮，何等自然。崇尚自然，这是我国茶文化的传统，唐人重清雅俭朴，临江溪，对青山，在饮茶中饱赏大自然情趣。宋人沏池引泉，把饮茶艺术与园林艺术结合起来，并举行盛大茶宴，追求享乐的情趣。明人有茶室、茶寮，陆树声写有《茶寮记》，是一篇很好的散文，于小园之中，设立茶室，有茶灶、茶炉，窗明几净，颇有远俗雅意。有客人来，童子生炉，茶香袅绕，净巾洁具，捧茶而至。这当然不是我们今天的饮茶生活。明代许次纾的《茶疏》，还特别强调饮茶的环境和时间，应在身心闲适、风日清和、环境幽静、朋友至交和谐共语之时。对茶友，要有共同的志向，要有云霞、青石磊落般的胸怀，要有墨客翰卿、高流羽士、散人逸隐。唐代最爱茶的，一是僧人，二是诗人，三是隐士，最后才是皇室贵族。唐代以茶入诗的有李白、杜甫、白居易、皮日休、陆龟蒙等。同样的流风传至宋代，欧阳修、范仲淹、王安石、苏轼、苏辙、黄庭坚，李清照、赵明诚夫妇等，品茗斗诗，以茶明志，更是传为美谈。因此，中国茶文化中自然吸收了多种文化艺术内容，文人墨客的高雅情趣和深刻的美学见解，当然也被吸收到茶文化内。

在人们的观念中，茶和酒不同，前面我已经提到过。中国诗人欢喜把茶人格化，以茶喻人，以不同茶的品位比喻人的性格与品质，寄托自己的志向，又常常以茶来烘托对山水风光的热爱。茶性洁不污，可涤虑解烦，故文人多以茶为接风洗尘的手段。茶能提神醒脑，激扬文思，所以茶又可以用来交友、述旧、言志、赋诗。

上海文物管理委员会要出版蔡襄的《茶录》，我还为此写了一段题跋。

郑重：是的，那个刻本连同你的题跋手迹我都看到了。

唐云：是吗？那我就不多说了，留给你自己去发挥吧。

蔡襄《茶录》系茶学的经典著作，全书分茶论和器论两部分。茶论中又列色、香、味、藏茶、炙茶、碾茶、罗茶、候汤、熁盏、点茶诸条；器论分茶焙、茶笼、砧椎、茶钤、茶碾、茶罗、茶盏、茶匙、汤瓶诸条。此书原为蔡襄手书，宋人即刻之于石。真本为方孚若家藏，词人刘克庄观看过。但后来残缺，到清嘉庆十八年癸酉（1813）春正月十九日，经著名学者翁方纲补写茶罗、茶盏、茶匙、汤瓶四条共一百三十五字。翁方纲补成后又题跋：

此册与古香斋所刻字形全别，黄山人跋端，明《春草轩杂说》云：余尝见其所书茶录作小楷，间以行草，字形大小不平，乃其杰作云云，则又与此不同，岂所书有数本欤？癸酉正月二十二日之定识。

接着翁方纲又题曰：

细玩此册，笔意开展而严谨，自是忠惠本色。之定又识。

林则徐任浙西廉访使时，曾看到这个版本，观后亦题记曰：

古香斋帖，今莆田公祠所藏，甚不足观，拟借此本，属妙手摹泐，嵌莆田公祠，辟以还吾闽旧观也。壬午十有一月，三山后学林则徐获见于浙西廉访使署并识。

此书为上海图书馆所藏，现在要整理出版，经唐云鉴定并题识曰：

唐云（右二）、谢稚柳（左一）与中外友人合影

唐陆羽《茶经》、宋蔡襄《茶录》并称茶学要籍，为治斯道者所宜必备。唯《茶经》传刻不绝，知之者众，《茶录》虽刊布，而墨本获读者鲜，此为君谟于治平初手写石上，乃天水旧拓，书法高妙清华，且可订正通行本异文，堪称瑰宝，洵非妄也。千年佳作，自应影印以传，因跋数语，用志眼福。

唐云

一九九〇年五月八日

篇之伍

一壶天地小于瓜，
躲进去做什么

大石斋藏有曼生壶八式，自榜为“八壶精舍”，释壶铭，说来历，是唐云常念的一本真经。

八壶精舍

走进唐云的大石斋，就看到他端坐在红木太师椅上，背后弘一法师的那副对联，脱胎于魏碑，非常古朴，所书佛家偈语，则显得深奥莫测：

上联：欲为诸法本

下联：心如工画师

款曰：大方广佛华严经偈，无碍慧光明院如眼。

唐云手中拿着刻有“八壶精舍”的印章，在手里抚玩着，不时地又把印章在前额摩擦几下，那印石就更显得光亮剔透了。加上他那便便大腹，使人感到那印章却像弥勒佛手中的念珠了。

唐云赏壶

生长在杭州的唐云，龙井是他常去的地方，龙井茶自然是不会少饮的。虽不能说生长在杭州的人个个都欢喜饮茶，唐云却有着饮茶的习惯，那虎跑之水，龙井之水，他认为是世界上独一无二的。要论茶道，唐云在杭州时却是不甚了然的，那是他到了上海之后，和“曼生壶”有缘相识，对茶道才能说出一个子丑寅卯来。所以，唐云的茶道，应该是从壶道开始的。那“八壶精舍”就是金石名家叶潞渊为他收藏的八把“曼生壶”专制的纪念印章。

在唐云的童年梦中，父亲也是喜欢收藏茶壶的。那时的杭州人，都是以藏有“曼生壶”来显示门第的高贵，标榜风雅。不过，他父亲的那些茶壶都不怎么样，不要说“曼生壶”，就是能入一般名壶之流的，也没有一把，只是听说过“曼生壶”而已。也许是为了弥补父亲爱茶壶而没有收到名壶的遗憾，从童年起唐云就做着收藏“曼生壶”的梦了。

茶具与茶，总是珠联璧合。古人的斗茗品诗，茶具又占有重要地位。杜甫有诗句“倾银注玉惊人眼，共醉终同卧竹根”；苏东坡有诗句“潞公煎茶学西蜀，定州花瓷琢红玉”；范仲淹有诗句“黄金碾畔绿尘飞，碧玉瓯心雪涛起”；梅尧臣有诗句“小石冷泉留翠味，紫泥新品泛春华”，都是赞美茶壶来烘托茶茗的优美。明代周伯高的《阳羡茗壶系》中说：“壶于茶具，用处一耳，而瑞草名泉，性情攸寄，实仙子之洞天福地，梵王之香海莲邦。”宜兴古称阳羡，这里当然是赞美宜兴的茶壶了。

中国茶具，自古及今，都以陶瓷为主。陶器是我国新石器时代先民的创造，初是红陶或彩陶，后来又发展为灰陶和黑陶。以火候而论，从温度较低的土陶，到温度较高的硬陶，再发展为敷釉的釉陶。晋代开始，就有青瓷茶具的生产，常见的为“鸡头流子”茶壶。唐代饮茶之风盛行，茶具的发展，使生产茶具的名窑层出不穷，各类茶具争奇斗艳。陆羽《茶经》评论说：“碗，越州……若邢瓷类银，则越瓷类玉；若邢瓷类雪，则越瓷类冰；邢瓷白而茶色丹，越瓷青而茶色绿。”邢瓷为河北任丘邢窑所产，越瓷为浙江余姚越窑所产。可见，南方烧瓷技术比北方高超。此外还有湖南长沙窑的彩瓷茶壶和四川大邑窑的白瓷茶碗。杜甫寓居成都时，到朋友家饮茶就用大邑的白碗，所以他的诗云：“大邑烧窑白且坚，如叩哀玉锦城传。君家白碗胜霜雪，急送茅斋也可怜。”到了宋代，就形成了官、哥、汝、定、钧五大名窑。河南禹县钧窑烧制的玫瑰紫釉茶壶，号称“钧红”，极为名贵。浙江龙泉县龙泉窑生产的青瓷茶具，于16世纪即远销欧洲市场。

宜兴的紫砂茶壶，北宋时已经闻名于世，明代大为流行。紫砂壶是用宜兴特产的紫泥、红泥、团山抟制焙烧而成，俗称紫砂。到了明代中叶，先后出现了供春、时大彬等著名的制壶大师，大大发挥了紫砂壶的艺术风格，遂使紫砂壶名噪天下。到了清代乾嘉年间，又有陈鸣远、陈曼生，道光年间的邵大亨，清末的范鼎甫等人，都是制作紫砂壶各个流派的代表。

宜兴的陶土的发现，有着一段优美的传说。壶土初出时，有一位奇异的僧人，经行村落，口里叫着："卖富贵，卖富贵！"村里的人都嗤笑他。僧人说：

"贵不要买，买富何如？"说罢就引导着村中一老人，指山中产土之穴。村人挖穴之后，那土"果备五色，灿若披锦"。

真正用紫砂来造壶的还是金沙寺的僧人。这位僧人性好清静而专心好学，他常与那些制作陶缸陶瓮的乡民相处，抟其细土，加以澄练，捏制成壶的胎范，经过加工，使胎变圆，然后又在中间挖空，接着又制成壶口、壶柄、壶盖，放进陶窑内烧成。

制壶大师供春，少年时当过进士吴熙春的家童，随熙春读书于金沙寺。闲暇时就跟着老僧抟坯制壶。他天资聪慧，虚心好学，技术渐渐精湛。寺里有几棵参天古银杏树，根部长着许多树瘤，盘根错节，古朴可爱。供春朝夕对树观赏，有所领悟，使用老僧洗手后沉在罐底的泥沙，模拟树瘤，捏制一壶，造型如树之残桩，生动异常，老僧见了击掌叫绝，便把平生制壶技艺精心传授与他，于是供春便成了制壶大师。"供春壶"上"指纹隐起可按"，颜色多为栗色，"暗暗如古金铁，敦庞周正，允称神明"。真是达到了出神入化的境界。可惜，供春一生制壶不多，流传更少，收藏家都很少见到。"八壶精舍"的主人唐云也只是听说而已。

供春后人中有董后溪制葵花式茶壶，赵梁制提梁式茶壶，李养心制小圆式茶壶，拙朴韵致，资供赏玩。最为著名的作手要数万历年间的时大彬了。

时大彬，号少山。最初制壶就是从仿供春得手，或陶土，或杂硇砂土。最初喜欢做大壶，不务妍媚，朴雅坚栗，颜色有红、褐、紫、墨，无不具备，妙不可思。后游娄东，听说文人学士有品茶施茶之乐，都用小壶，遂制作小壶。当时人评论“案有一具，人生闲远之思”。他制作的壶形丰富多彩，有四方、梅花、菱花、八角、僧帽、提梁、就旦、吉直、书扁等。到了清代，制壶者更注意壶上的装饰。刻画装饰最有影响的是嘉庆、道光年间的“曼生壶”。

提起“曼生壶”，唐云就兴趣非凡，对“曼生壶”的制作历史，如数家珍。曼生壶的制作者是陈鸿寿，号曼生。在1812年前后，他曾当过一名小县官，非常喜爱紫茗壶，先后设计了十八种新壶样，请紫砂陶工杨彭年、邵二泉等制作。然后再邀其幕僚江听香、高爽泉、郭频伽、查梅史等人镌铭刻画，融造型、文学、绘画、书法、篆刻于一炉，形成一种独特而成熟的紫砂艺术风格。

唐云的父亲唐景潮

曼生壶的造型有石桃、横云、井栏、合欢、却月、方山、瓜形、覆斗等。谈到“曼生壶”的造型，唐云顺手从桌上拿起一把，向笔者说：“你看，曼生壶底有‘阿曼陀室’的印记，壶把下有‘彭年’二字板脚印，像我这样印记齐全的曼生壶不大多见啊！”接着他又说，“曼生壶用‘桑连理馆’印记的也有”。

唐云收藏的第一把曼生壶就是他常用的那把瓜形紫砂壶，那是他从杭州到上海不久，第一次实现了收藏者的梦。

唐云捧着那把瓜形曼生壶，壶上微温而不烫手的暖意传到他的手心上。壶的深紫颜色，泛着一种青光，薄的胎坯，规整的造型，及茶的色香之蕴，顿然感到这壶给他留下无限的情意，心中泛起了不知是画，是诗，还是音乐的思绪。

唐云是怎样得到这把曼生壶的呢？那是在一次酒会上，他无意中听说有一位叫阮性山的人，手中有一把曼生壶，现在要出让。在唐云的印象里，他看到过阮性山画的梅花，有清香四溢之感。不过，他这时并不认识阮性山。通过朋友的介绍，唐云见到了这把瓜壶。那壶的颜色及造型，已经使唐云喜不自胜，他一看壶的刻铭，更是像饮醇醴一样使他醉了。那壶铭曰：试阳羡茶，煮合江水，坡仙之徒，皆大欢喜。

他再看壶底，有“阿曼陀室”四字。

一见钟情，不忍释手，唐云爱上它了。

买和卖，自然是有讨价还价的。阮性山开口要价是四两黄金。

初到上海的唐云，生活还漂泊不定，哪里有四两黄金买一把曼生壶。殊不知，唐云在买东西上也自有他的豪气，只要欢喜，抛出千金也在所不惜，从不讨价还价；不欢喜的，价钱再低也不购买。这次他没有还价，筹措了四两黄金，把这把壶买了下来。

从此，唐云的家中总算有了一把曼生壶，为他的“八壶精舍”打下了根基。后来唐云才知道，这把壶原来是他的老朋友陈伏庐的，阮性山和陈伏庐也是好友，阮性山也是从陈伏庐手中购进的，价钱是多

曼生壶之一合欢壶

少，唐云就不想再知道了。

唐云玩味着“坡仙之徒，皆大欢喜”的壶铭，突然又想起苏东坡，想起坡公和杭州南屏山净慈寺法师饮茶的故事，不觉又吟起坡翁《送南屏谦师》那首诗来：“道人晓出南屏山，来试点茶三昧手。忽惊午盏兔毛斑，打作春瓮鹅儿酒。天台乳花世不见，玉川风腋今安有。先生有意续茶经，会使老谦名不朽。”

唐云心想，坡公的诗写得固然是好，但他享受不到用曼生壶饮茶的风韵，闹市上海虽然比不上南屏山的清静，但也有闹中取静的乐趣，随也用诗以记此时的情怀：

午晴睡起小窗幽，人事闲来对茗瓯。解识东风无限意，兰言竹笑石点头。

寻觅八壶之旅

八壶精舍中的八把“曼生壶”，有七把是在1949年后才得到的。

新中国成立初，当时仍称五马路的广东路，仍然是古玩市场。唐云一直是古玩市场的常客。他常在吉祥寺吃过中饭，睡过午觉，就从吉祥寺所在的七浦路漫步到五马路的古玩市场。在这里，他买过字，买过画，买过砚，也买过鼻烟壶、玉器指手之类的小玩意儿。其实，他真正所要搜存的还是“曼生壶”。

一天，唐云又来到古玩市场，走进一家古董店。老板笑脸相迎，用鸡毛掸子拂去红木椅的微尘，请唐云坐下，然后给他斟上一杯上等的龙井茶。老板和唐云闲聊着，试探着他想买什么东西。

谈起“曼生壶”，店老板说：“曼生壶倒是有一把，壶主病了，亟须用钱……”

“拿出来看看。”一听说有曼生壶，唐云就高兴了。

“在家里，我去拿。”老板说着就去取壶。

一刻工夫，老板把一柄合欢壶拿来，说：“这原是胡佐庆的收藏。”

曼生壶之一合欢壶

唐云知道，胡佐庆是有名的茶壶收藏家，不只有曼生壶，还有时大彬仿制的“供春壶”，可惜他没能看到，这些壶都流落到市场，不知散失到哪里去了。

唐云接过茶壶一看，只见壶底有“曼生”印，一看那壶铭，唐云的眼睛就亮了，壶铭是：“八饼头纲，为鸾为凰，得雌者昌。”

这则壶铭是有来历的。“八饼为纲”，福建建溪龙凤团茶，每岁分十余纲，唯白茶自惊蛰前后开采，浃日而成，飞骑疾驰，不出仲春，已至宗师，称为头纲。龙凤团状如团饼，饰有龙凤图案，冠名龙凤茶，蔡襄为漕吏，始制小龙凤团茶。古文有龙凤团茶“始于丁谓，成于蔡君谟”之说。宋朝皇帝常以“龙凤团茶”赏给臣僚，连苏轼这样的文人也说：“上人问我迟留意，待赐头纲八饼茶。”“翌”同凰，“鸾”和“凰”在古代是女子的象征，得“雌”为昌，预示着夫妻和美，家庭和睦。

对壶铭是什么样的含意，唐云还来不及去想，马上就说：“好东西，我要了。”

“只是价钱可能大了些，人家等钱用。”店老板说。

“既然人家等钱用，你说多少就多少。”唐云也不知道自己袋里到底有多少钱。

“二百五十元大洋！”店老板要了价。

“就二百五十元大洋。”唐云一摸口袋，才知道自己身边并没有带钱，转口就说，“只是我身上没带这么多钱。”

唐云把“曼生壶”紧紧握在手中，似乎是怕别人买去。

“你先拿去，改天再送钱来。”老板对唐云是绝对相信的。

唐云当时一下子拿不出二百五十元大洋，经过一番筹措，第二天按时就把钱送到。

这就是八壶精舍中第二把茶壶的来历。

“有扁斯石，砭我之渴。”

这是八壶精舍内第三把茶壶的壶铭，此壶为扁壶。

这把茶壶原是上海的收藏家宣古愚的藏品。看来，古董收藏家的结局都是不好的，最后都不得不以卖藏过日子。这时，宣古愚家境衰落，老人又生了病，1949年前家中的收藏都已散落，现在还有什么东西可卖呢？这时就不得不卖他视若生命的“曼生壶”了。古董商人知道宣古愚要卖这把曼生壶，已经几次上门，可是宣氏都没有把此壶卖出，他很关心这壶的命运，到了古董商手里，将来就不知它要流落到谁家了。如果不是流落到识者手里，那不是把这把壶白白地糟蹋了！宣氏收藏的理论是：玩物如处友，贵在相知相识。

宣氏得知唐云要收藏曼生壶，于是亲自把壶装在锦盒之内，送到唐云家中。

“鄙人不才，现在吃的是败家子的饭。”宣老不无伤感地说。

“积财千万，不如薄技在身。”唐云说。

“是啊，正因为如此，所以我把它转让给你，到了你的手里，它就不会有第二次被转让的命运了。”老人黯然泪下。

曼生壶之一扁壶

“十年河东，十年河西，事情都很难说。”唐云说。

“不会的，不会的，你会与它终生为伴的。”宣古愚说。

扁壶不但能饮茶，还能治病，人在暑天发痧，用扁壶一刮就好。

八壶精舍的第四把曼生壶来自北京。

有一年，唐云到了北京，要画家周怀民陪他去逛什刹海的古玩市场。北京是明清两代的帝王之都，特别是到了清代，中国文物古董的精粹都汇集到北京，清室处于危倾之际，皇室子弟有几个不把宫中的宝物偷出流散在市场的？什刹海的古玩市场假货也多，没有一双识家的火眼金睛，那就不要去逛。

唐云漫步在古玩市场，东张西望，突然看到一把紫红色的“瓢壶”。唐云走到地摊前，弯腰把壶拿起，捧在手里一看，果然是曼生的佳作，那壶铭特别使唐云欢喜：

“不肥而坚，是以永年。”

一问价钱，摊主只要二十元钱。这时唐云身上虽然只带了十元钱，但他并不还价，向周怀民借了十元钱，把这把“瓢壶”买下。

曼生壶之一瓢壶

“你买这东西干啥？”周怀民问。

“各人欢喜，我欢喜它就买了。”唐云说。

提起八壶精舍中的第五把曼生壶，唐云总是说：“这要感谢胡若思。”

胡若思是大风堂的门人，山水画家。有一次，胡若思到苏州，在旧货商店看到这把壶，就自作主张地给唐云买了回来。

唐云一看，原来是一把“匏壶”，是曼生壶中不多见的一种造型。那壶铭简洁古朴明了：

“饮之吉，匏瓜无匹。”

壶铭中之“匏瓜”，蔬菜名，葫芦的变种，茎蔓生。曹植《洛神赋》：“叹匏瓜之无匹，咏牵牛之独处。”阮瑀《止欲赋》：“伤匏瓜之无偶，悲织女之独勤。”

后来，唐云得到这把壶的拓本，才知道这把壶原为清代大收藏家吴大澂的藏品。吴大澂是唐云的好友吴湖帆的祖父。这把壶应该是吴家的传世之宝，不知为什么却流落到市井，唐云感到不可理解。

曼生壶之一匏壶

唐云的一位朋友魏仰之，是位书画爱好者，收藏古今书画颇富。他在广东工作时，专程去北京，陪唐云去什刹海古玩市场。他也想借助唐云的眼力，在古玩市场上买几件东西。这次，魏仰之什么也没有买到，唐云却又买到一把“曼生壶”。这是一把“石瓢提梁壶”，壶的把柄造型很别致。那壶铭是：“煮白石，泛绿云，一瓢细酌邀桐君。”

此壶用典出处，煮白石，“田艺衡《煮茶小品》，泽水中洁净白石，带泉煮之，尤妙尤妙”。“绿云”，宋吴淑《茶赋》“其功若神，则有渠红薄片，西山白露、云垂绿脚、香浮碧乳”。“桐君”，宋吴淑《茶赋》：烹此茗茶，桐君之绿尤重。桐君，传说为皇帝时人，曾采药求道，止于浙江桐庐，偎桐树下，因名桐君。

只花了五十元钱，唐云把它买到了手。

“茶壶你买它干啥？”魏仰之说。

“各人有各人的欢喜。字画你买它干啥？不也是为了满足欢喜欲吗？”唐云说罢，两人哈哈大笑起来。

八壶精舍的第七把曼生壶，是新金陵八家的亚明送给唐云的笠荫壶。

1979年，唐云去南京参加中国画的评选工作，和亚明相遇。酒余饭后，他们在一起聊天，说的都是家务琐事。亚明说他家有一把茶壶，是用来装酱油的，壶嘴被堵住了，烧菜急用酱油时，偏偏倒不出来，用铁丝也无法搞通。

“你拿来我看看，能不能给你把它弄通。”唐云说。

“你怎么会捅茶壶嘴呀？”亚明感到唐云对此事有些不自量力。

“你拿来我看看嘛。”唐云说。

唐云到底能不能把壶嘴捅通，亚明不去管它，隔了一天，他果然把那把装酱油的紫砂茶壶拿来了。

亚明看到唐云把沾满酱油的茶壶在手中把玩，有点爱不释手的样子，根本不再谈捅茶壶嘴的事情，感到有些不解。

“这东西很好，你留着玩吧。”唐云说。

茶壶没有通，亚明又把它带回家中扔在一角。

过了几年，唐云和亚明去山东，参加全国美协会议。两人的房间对门，不开会就在一起谈天。这时唐云又想到亚明家中放酱油的那把茶壶，就问道：“你那把放酱油的茶壶还在吧？”

“你欢喜？”自己能有一件东西使唐云念念不忘，亚明自然很高兴。

“我欢喜，那是一把曼生壶。”唐云说。

“既然是‘老药’欢喜，不管是什么壶，我都送给你。”亚明说。

他们人在山东，壶在南京。

过了一年，唐云又有南京之行。刚刚到宾馆住下，他就打电话给亚明：“你那把茶壶肯定送给我吗？”

“肯定，肯定。”亚明说。

“我现在就去拿。”唐云有些急不可待。

“把它洗洗干净，我给你送去。”亚明说。

过了一天，亚明果然把茶壶送来了。

唐云自是非常欢喜，把玩不尽，说：“我无以为报啊。”

“你客气啥。”亚明说。

接着，亚明和唐云一起去了扬州。

亚明看到唐云对这把壶时时抚玩，就问道：“你怎么这样欢喜它？”

唐云把壶捧在手中，说：“你看，壶底有‘阿曼陀室’的印记，壶铭更妙……”

亚明接过壶一看，只见壶铭曰：“笠荫暍，茶去渴，是二是一，我佛无说。”

唐云指着壶铭说：“你看这壶铭的句子多好，是二是一，很多人认为有禅机，因为有禅机，使人产生许多想象力，你问佛，佛不说，只好自己去参，茶叶和茶壶是连串的。宋朝有个和尚说‘吃茶去’，含义单纯，就是吃茶。笠荫暍，茶去渴，说到底是一样东西，还是两样东西，我佛无说，让你自己去体验。”

最后要谈的就是那把井栏壶了。顾名思义，这把壶的造型像一个井栏。改革开放之后，人的赏玩情趣得到自由开放。所以，这把壶没有费多大气力，唐云就从上海文物商店把它买来。买东西的人，总是希望价钱便宜些，可是这把壶便宜得使唐云心中有些惶惶不安，他带着惋惜的心情在想：像这样好的壶，居然不标高价，中国的文物也太不值钱了，这是因为不懂，还是不尊重传统文化的价值？

这把井栏壶的壶铭为：“汲井匪深，挈瓶匪小，式饮庶几，永以为好。”

上海博物馆藏有《许真人井栏铭帖》，原为吴湖帆所藏，记东晋人许谧在茅山修炼，成仙化气而去，留下石井。五代许铉以许真人的故事，撰写六十四字铭刻于井栏之上。铉为文字学者，铭文字体殊异，珍朗星凤，不知曼生设计井栏壶是否取义于此。

笠荫壶铭

曼生壶之一笠荫壶

曼生壶之一石瓢提梁壶

曼生壶之一井栏壶

陈曼生在紫砂茗上钤印“桑连理馆”实有所指，即他的县署中有古连理桑。溧阳古重农桑，“新昌丝绸”闻名遐迩。溧阳嘉庆志载：“古连理桑，其下两本，一本在县署，一本在丞署，中隔墙垣，樛枝上合，高可四丈许，数百年旧物也。”嘉庆十六年（1811），陈鸿寿知溧阳命书斋曰“桑连理馆”。嘉树古桑，书画名家常聚于古桑之下，饮酒赋诗，于是便有了《桑连理馆主客图》，孙延、江步青、周松永、高日浚绘第一图，改琦、钱杜、汪鸿等人重新深绘。郭麐有《桑连理馆主客图记》，其中记载：坐榻年长者钮非石，对石作拱者汪小迁，持觥将饮者史恒斋，袒腹持杯者查伯葵，侧从剥核者陈仲恬，对坐赏碑者赵北岚、屠琴邬，中庭调鹤者释嫩堂，拈花者郭频伽，几钜研和墨申纸作擘窠书者，图之主人陈曼生也，司茗具者抟埴之函，曰杨彭年。当地名士，尽在其中。

唐云特别欢喜这把小巧的井栏形的曼生壶。有一次，笔者和他讨论中国茶具发展时，曾议论到茶具的大小问题。

“从茶具的发展史上来看，到了宋代就盛行茶盏，使用托盘也更为普遍。在北方，把茶盏称作茶盅，有的比酒杯略大一些，实际上是一种小型的茶碗。我去四川，游走了各地，也多用小型茶盅，饮者都欢喜使用，这有什么道理？”笔者问道。

“茶具以窑器为上，又以小为贵，古今皆然。茶具小，每客一把，任其自斟自饮，方为得趣。壶小则香味不涣散，味不耽搁。茶具过大，不仅香味易散，而且注入开水多，热载量大，容易烫熟茶叶，使茶汤失去鲜爽气味。”

“我不懂壶，但我欢喜壶铭，那里蕴藏着许多哲理，洞察人生，不知先生对壶铭有何高见。”我问。

“是的，自古以来就有‘壶随字贵，字以壶传’的说法，没有铭文的壶，则传之无名，在历史上会很快被人忘却的。”唐云说着，又从柜子里拿出几把用锦盒封装的茶壶，把壶铭一一指给我看：

许四海制壶、陈佩秋书画

井栏壶：井养不穷，是以知汲古之功。

却月壶：月满则亏，置之座右，以我为规。

子冶壶：翠雨潇潇，人过茶寮。

百衲壶：云山百衲，非食是乞，惟浆是乞。

石梅壶：范佳果，试槐火，不能七碗，兴其唯我。

唐云指着这些壶铭，说：“前朝行家对题铭有切壶、切茗、切形之要求，这些壶铭都达到了‘三切’的要求。石梅壶的壶铭的含义既状其形，复嘉其名，极为生动；百衲壶铭也好，阐明百衲壶不乞于食，而乞饮于茗，贴切地表达了壶的用途，又富韵味。这些隽永的铭文与壶的别致外形交相辉映，互为衬托，取得浓郁的美感和意在言外的艺术趣味，从而把实用的紫砂茶壶升华为艺术珍品。”

“你的‘八壶精舍’不止八把曼生壶，还有别的壶吧？”我问。

唐云莞尔而笑，不无自豪地说：“前人有‘百壶斋’，我虽无百壶，几十把壶还是有的，不能一一给你说出它的来历。这两把时大彬制的壶，一曰‘时大彬袱印壶’，一曰‘僧帽壶’。你看这僧帽壶，多像和尚的帽子。时大彬曾经做过一把活络茶壶，犹如七巧板，可以

僧帽壶

拼合，也可以拆卸。这把茶壶由上下左右前后六块拼成，注茶入壶‘渗屑无漏’，名叫‘六合一家’壶。供春制壶更有噱头，他烧制成一把褐色的壶，贮满茶水后，壶身变成碧色，酌一分复原一分，斟光则通身还原成褐色。”

“药翁啊，药翁，难怪你的肚皮发达如壶，原来里面装的都是壶的故事。”我说。

“收藏不尽的壶，讲不完的故事，人生也是如此。”唐云笑吟吟，又像一尊弥勒佛。

设计壶

唐云不只是藏壶、用壶，他还设计壶。

1980年，上海美术馆要展览有当代画家书画的特制名壶，沈智毅曾向唐云请教。唐云大力支持，把沈智毅介绍给江苏省特级制壶大师顾景舟。顾氏原为宜兴陶瓷厂制壶技师，新中国成立前做了五把名壶，都是吴湖帆画的竹子，送给吴湖帆、唐云、江寒汀等画家。这次沈智毅到了宜兴，带回三把茶壶的泥坯，经唐云作画，由沈觉初镌刻。这三把壶在上海美术馆陈列，参观者击掌叫好，赞誉为“当然新古董”。得到大家的称赞，沈智毅又二下宜兴。这次带回五十把茶壶的泥坯，请唐云、谢稚柳、陈佩秋、陆俨少、关良、王个簃、朱屺瞻、程十发、应野平、陈秋草十位画家作画，由沈觉初、徐孝穆镌刻。每把壶都有拓本，请原作者在拓本上题识，以备将来的博古者证其真伪。唐云在一把壶上，自制壶铭：

欲乞东陵种，何人忆故侯；凭君范一个，拓我小窗幽。

此外，在设计壶型时，唐云还撰了一些壶铭：

石瓢壶：鱼得活水，人比茶香。

石瓢壶：荷香夏热，荷水可烹茶。

乳顶壶：松风谡谡，人过茶寮。

柱础壶：犹白花间独品茶。

矮汉铎壶：客来茶罢空无有，芦橘微黄尚带酸。

柱础壶：香与白花一样清。

福建漳浦出土清陈鸣远仿古壶铭

柱础壶：饮之可以得长生。

四方壶：拳不新量，抔我清思。

提梁觚菱壶：摘得洞庭看，一棹归去晚。

平盖莲子壶：饱饭黄昏无个事，把壶杯下听秋声。

三足壶：摘得新茶消永昼，二三知己共聊天。

荷花壶：隔岸荷花总照眼，清风来与斗茶香。

半瓜壶：相对寒灯夜品茶。

四方壶：同心之言，其真如兰。

陈曼生与杨彭年、邵二泉的合作，不只是给后世留下了被当作瑰宝的“曼生壶”，他们合作制壶的故事也成为文坛佳话，久传不衰。其实唐云与江南壶王许四海合制“云海壶”的故事，不减当年陈曼生的风流。

行伍出身的许四海，解甲归田后在上海公用事业学校总务科谋职。他平时欢喜摆弄泥巴，捏成各种小动物，极为生动。唐云的外甥女恰巧和他同科共事，就说：“我舅舅唐云就欢喜这些泥捏的小东西。”经她的引荐，许四海拜访大石斋，带了几样自己的手工给唐云看。古道热肠的唐云，对许四海的陶塑免不了要指点一番。可是许四海留心的不是唐云对陶塑说了些什么，而是床上、桌上摆放的那一把把紫砂壶，他被那精美的造型打动了。

过了几天，许四海又去拜访大石斋，一把手捏的扁壶放在唐云面前。唐云仔细看过之后，点头称赞说：“不错！”随手拿毛笔，在壶上画了起来，不一刻工夫，壶的一边画了一枝风竹，另一边题写了“竹里青风竹外座”的句子，并题“老药为四海作”，一个“为”字表示了他的主动和高兴，许四海则感到如堕五里雾中，说不出地高兴。

许四海回家之后，用一把刻刀在壶身上刻了起来。第一次没有经验，不是刻而是把壶身上的画和字雕了出来。他对此还不满足，又在壶底刻自己的一首打油诗：“吾兄肚大嘴尖尾巴高，无知无识太骄傲，如今怎么办，只有留给后人看看解疲劳。”

又过了几天，许四海又带着自己捏的第二把壶去拜访大石斋。唐云一看更为高兴，说：“你真是江南一怪，那个总务科长不要当了，到宜兴去学做紫砂壶。”

唐云是金口玉言，“江南一怪许四海”从此就被人们叫开了。许四海也果真听了唐云的话，辞去了总务科长的职务到宜兴周墅陶艺厂做壶去了。从仿制“曼生十八式”开始了他的陶艺生涯。

从此，唐云也一发不可收拾，成了紫砂壶设计师，先后为许四海设计了二十五个紫砂壶样式，比“曼生十八式”还要多。许四海精心制作，为了纪念他们的合作，命名为“云海壶”。昔日曼生壶，今日云海壶，今之视昔，犹后之视今，后人对“云海壶”又该是怀着什么样的热情来收藏呢？

为了设计新颖的样式，唐云费尽心机。法门寺文物中有一件唐朝碾茶的铜碾，他就设计了一把“铜碾壶”，并题上壶铭：

玉川七碗何须尔，
铜碾声中睡已无。

他设计的“井栏壶”，在壶上画了小鸡在啄长生果，并题铭：“吃茶知长生。”

那“掇球壶”也与传统的样式不同，他题写了蕴藏禅机的壶铭：

四大皆空，坐片刻无分你我；
两头是路，吃一碗各奔东西。

亦佛亦仙的唐云与江南一怪的许四海合作制了二百多把紫砂壶，由于他们有着同样的心肠，分别送给同好者，真可谓坡仙之徒，皆大欢喜了。

壶中日月，以何为期

唐云曾为香港万里出版机构主编“玩物指南丛书”，笔者曾参与并撰写《紫砂壶鉴赏》专册。在这期间，唐云和我讨论了紫砂壶分期的问题。

郑重：在紫砂的发展过程中，前人没有为它的分期做过研究，只是近几年紫砂壶被炒得很热，才对分期问题有所提及，但却比较粗略。你对这个问题是什么看法？

唐云：分期是必要的。正如绘画、书法一样，应该以其时代性进行分期研究。现在大家的注意力却在研究名人名壶上，但还有许多没有款识或印记的壶，它们还是有时代特色和风格的。不知你对分析是如何看法，可以提出来讨论。

郑重：第一期为简朴古拙的创始期。自宋代延续至明正德、嘉靖、万历年间，随着饮茶、品茶、论茶之风盛行，制壶技艺变化很

唐云画壶

陕西出土明时大彬提梁壶

大，从煮茶的大壶转向玩小壶，从单纯的实用转为实用与艺术欣赏相结合的新的审美观念，能工巧匠，人才踵继，刚柔华朴，流派纷呈。代表人物有供春，继之而起的有董翰、赵梁、时朋及元畅四家及李养心。再后来就是“三大”，即时大彬、李仲芳和徐发泉，因为他们都排行老大，故称之为“三大”。

唐云： 大彬壶传世极少，但赝品颇多。你看我收藏的传世之品僧帽壶、衭印壶，都是大彬的精心上乘之作。还有出土的资料：陕西延安出土的提梁壶，腹部刻有“吟竹养浩然大彬”行书款，四川出土的斗方壶，底部刻有“万历甲辰年大彬制”，江苏无锡出土的三足壶，柄下腹部刻有“大彬”款，江苏江都出土的六棱壶，底部刻“大彬”楷书款，以上诸品可以对照鉴赏。

郑重： 第二期是文人参与下的成熟期。由于文人的参与，促使紫砂由日用陶瓷一跃而进入一个新的艺术境界。此期的制壶大家有陈鸣远、黄玉麟及女制壶家冯彩霞和吴阿根。先后参与的文人有董其昌、陈继儒、黄彭年、项元汴、陈鸿寿。文人参与的几种形式：定制茗壶，参加设计，撰题壶铭，在壶上书画篆刻，为紫砂壶著书立说。文人参与对紫砂壶所带来的影响，除了上述实用与艺术的统一，还提出了紫砂壶制作、鉴赏的标准：形、神、气。壶铭作为文学的形式出现，诗文书画和壶浑然一体。

唐云： 这一时期特别重要的人物是陈鸿寿。我的“八壶精舍”所藏就是他的作品。这方面我给你说过不少了，将来你可作为重点研究。以后紫砂壶没有超过陈鸿寿这一时期的。

郑重： 第三期为创新与仿制相渗透的稳定期。清代咸丰至光绪末年，紫砂发展一度处于低潮。太平天国兴起，据宜兴抗清兵，战火所及，不少制壶艺人横罹兵灾，大量陶窑停烧。这一时期的制壶

唐云藏顾景舟制壶

现代蒋蓉制壶

多重复嘉庆、道光年间的造型，食古不化，死气沉沉，可玩的精品不多。从辛亥革命到抗日战争，否极泰来，国际市场空前活跃，需求有增无减，上海十里洋场一时涌现出不少专营紫砂壶的商户，供应出口。宜兴也相应出现了一批私营小作坊的名手，如俞国良、冯桂林、汪宝根、吴云根、裴石民、王寅春、顾景舟、程寿珍、朱可心，可以说群雄竞起，足挽颓势。这时不少古董商人竞相延揽名手来上海专门从事仿古制作。仿古蓝本多系古代名家遗器，或其他珍贵历史文物。通过这些遵古仿制，扩大了陶艺家们的视野，“取法科目，格调自然高矣”。

唐云：但是，你要注意，这一时期虽然出现了几位制壶大家，也有不少的好壶，但文人参与得不够，文化气息总是欠缺一些，有好壶但名壶不多。

郑重：第四期为融汇现代意识的新探索期。现代艺术的发展、渗透与影响，必然要波及紫砂艺术的传统领域，使紫砂的形体结构有了新的思维方法，有意识地强调了点、线、面在紫砂形体中的作用，把材质的质理表理推到更加重要的地位。这个时期的代表性作品都出自中、青年陶家之手，如徐汉棠、徐秀棠、汪两由、许四海等。更为重要的有一大批老一辈画家的参与，如吴湖帆、朱屺瞻、陆俨少、谢稚柳、陈佩秋、程十发、刘旦宅、李可染、亚明、黄胄，还有您，再有一批刻陶高手沈觉初、徐孝穆、徐素白等。这些彼此没有干系的制壶家、画家、陶刻家的共同献艺，使某把壶能达到三美俱备，然后又由好事的鉴赏者如沈智毅及一大批壶商，从中沟通，使这“三美俱”的铭壶走进中国台湾、中国香港与新加坡的市场。

唐云：你的分期方法应该说是可以的，对每个时期不但要探究历史，还要有评论，要有比较，要有分析。你说的第四期，我们这些人虽然参与了，仅仅是在壶上作画题诗，但对壶的设计、制作都没有参与，不像陈曼生（鸿寿）对紫砂壶那样执着。就壶铭而论，我们题的大多是前人现成的句子，很少有个人的创作，和曼生壶壶铭是不好相比的。

郑重：壶文化在发展，对内涵的解释也越来越丰富，其中就有“茶与禅”，从饮中悟出禅机来，特别是对“旦吃茶”“吃茶去”，你有多年的饮茶，说说你对此的理解。

唐云：你不要中邪，吃茶去就是去吃茶，吃茶就是吃茶，很纯粹，没有别的杂念。“吃茶去”“旦吃茶”都是制壶人兴到随意之作，很干脆明了，文人写不出这样的句。对吃茶来说，禅机也是一种杂念，被日本人搞坏了。

陈曼生是药翁唐云的同乡，他在溧阳为官五年，留下了一把有壶铭的“曼生督造茗壶第四千六百十四”，制壶为数可谓不少了。谁又能知道他从溧阳任上告老回到杭州时，又带回去几把紫砂茗壶呢？乡情绵绵，时间经历了百年。药翁为曼生老人的身后知音。他用大海捞针的精神，寻寻觅觅，日复一日，年复一年地发掘搜存曼生老人遗留在人世间的紫砂茗壶。药翁不只是发现了，而且得到了，伴随他生活的时间较曼生老人更为长久，使他的指纹、体温及情怀结缘在一起，带着他的灵魂，落叶归根于西子湖畔，营造了“八壶精舍”，药翁无愧于同乡曼生老人，而陈曼生应该愧对杭州的乡亲了。

篇之陆

不善饮者，
难成风流名士

唐云的生命是用酒浇出来的。他的朋友邓散木、白蕉、施叔范、若瓢，没有一个不是善饮的。不善饮的人，无法和唐云为友。笔者不善饮，但有时也被拉着对饮。他是用嘴饮酒，笔者是用眼饮酒，坐在旁边看着他喝。但这样总是提不起他的酒兴的。

“对酒当歌，人生几何？”“何以解忧，唯有杜康。”

大概是曹操把酒与人生联系在一起，中国的文人和酒才结下不解之缘。作为诗人的曹操，酒醉之后，体会到人生的真谛和妙境，所以才写出“何以解忧，唯有杜康”这样千古流芳的诗句来。可能是他体会到人进入醉乡，善吐真言，把内心的话都说了出来；他又看到周围的人都是借醉酒之机，站出来反对他的政治主张，所以作为政治家的曹操，又制定了“禁酒令”，说喝酒可以亡国，不准喝酒。不知天高地厚的孔融却反对他，说也有以女人亡国的，何以不禁止婚姻。他的那篇《与曹操论禁酒书》：“而将酒独急者，疑但惜谷耳，非以亡王为戒也。”那一段话，抉隐发微，驳得曹操恼羞成怒，便借着假醉之态，一气之下把孔融给杀了。

笔者与唐云谈到这段故事时说：你当心喝醉了杀人，或被佯醉者所杀。

唐云则举着酒杯，慢悠悠地说：一醉方休，与世无争，要我灌满了黄酒的脑袋作甚？

不善饮者难以成风流名士。

魏末晋初的“竹林名士”，更是以借酒浇愁，对旧礼教进行反抗。他们饮酒时，衣服不穿，帽子不戴，这就引起当时的人对他们的非议。“竹林名士”中最善饮的为刘伶，酒醉之后写了一篇《酒德颂》，歌颂那位大人先生行无辙迹，居无室庐，幕天席地，纵意所如。有一个人指责他为什么不穿衣服？他回答说：天地是我的房屋，房屋是我的衣服，你们为什么钻进我的裤裆里来？另一个酒徒阮籍也写了一篇《大人先生传》，他认为，什么天上的玉皇，地上的神仙，都是无意义的，一切都不要，既然神仙不足信，道理也不必争，人生只要沉湎于酒就足够了。

醉墨作画

唐云饮酒，赤膊上阵，袒胸露肚之态，也是常有的。他常说："我自饮我的酒，关他人什么事情。"唐云的朋友，也多是这样的性格。夏日，唐云的朋友唐大郎酒后，洗了澡，就在自家临街的阳台上，背靠着藤椅，散发裸裎，悠然纳凉，见者莫不以为狂诞。即使是一些朋友，亦不免奔走相告，颇有微词。但唐云却说："他自乘他的凉，又没有跑到你家去，更没有叫你去看他，你管他光不光着身子做啥？柳子厚说：'有裸裎袒裼，以为达者。'《孟子·公孙丑上》也说：'尔为尔，我为我，虽袒裼裸裎，尔焉能浼我哉。'我看你们倒是正经得有点过分了。"

事后，唐大郎听到唐云的这一番话，高兴地说："《左传》云'且旌善人'，鄙人唐云旌，唐云'旌'之，勒石垂帛无其荣，人生得一知己足矣！"

唐云的善解人意，可想而知，这正是他那磁性人格的具体表现。

历史的演变常常会走样的。大概是"竹林名士"的酒后放荡不羁，所以后人就把酒看成消极的东西了；事实上也存在着用酒浇愁的事情。

唐代的文人中也有不少称得上酒圣酒仙的人物，给人留下的是完美的形象，那是因为他们把酒融入自己的艺术生命中，激发出自己的

1949年唐云（前排左一）在上海

才气和创作的灵感。杜甫歌咏的“酒中八仙”，其中有几位都是以酒来激发才情的。李白的一斗诗百篇，是诗与酒结合的楷模，千秋为人称颂。草圣张旭，每当醉后，呼号狂走，索笔挥洒，变化无穷，若有神助。画圣吴道子，在酒醉之后，于洛阳的大同殿，一日写《嘉陵三百里图》，更是气势磅礴。自宋以后，能以醉墨挥洒，出手不凡的画，更是屡见不鲜。宋代的王晋卿带着醉意写《烟江叠嶂图》，苏东坡又以醉笔题和，把酒与诗、与画、与人生融为一体。

在当代的画家中，能以醉墨作画，当数唐云。唐云的旧友龚之方，曾得唐云画二十余幅，有几幅画中有题诗：

每向尊边弎笔头，酒后狼藉墨痕收；
今宵话旧情胜昔，廿幅追成一笑休。

龚之方说：“唐云酒后作画，画人物神采奕奕，画花鸟生气盎然，他的一双醉眼有神功焉！”

这就难怪唐云在赠龚氏的画幅中，即使不题诗一首，也要写上“与龚兄快饮大石斋”的字样了。

背着酒篓上黄山

唐云第一次上黄山，背上驮着一篓黄酒。

那还是在他二十多岁的时候。他背的那篓黄酒不是十斤，也不是二十斤，而是五十斤。

他背着酒篓向黄山顶上爬去，随着山路越爬越陡，那酒篓就变得越发沉重。他背累了，就叫朋友帮着背。朋友几次要把酒篓向山下扔去，唐云却紧紧地把它抱在怀里。他爬上一个山头，就打开酒篓，对着山松长饮一阵，再向第二座山头爬去。

当爬上天都峰时，唐云不走了。他坐在那块危石之上，看着黄山的云海，听着黄山的松涛，品味着那潺潺泉声，捉摸着那山石的纹路。他打开酒篓静静地喝着，一把紫檀木雕成的板烟斗衔在嘴边，酒杯和烟斗在轮番地作战。

他要等待黄昏，在黄昏时可以看到佛光。天都峰是看佛光的最佳处所。还没有等到黄昏，他喝得已经有些醉意，呼呼地打起瞌睡。

“佛光！”有人兴奋地喊着。

“哪里？”唐云从瞌睡中醒来，用那蒙眬的醉眼寻觅佛光。

只见天边有一个圆形的光环，一边呈紫色，一边呈黄色，一时放大，一时缩小，又放大，又缩小，那紫色渐渐消失，变得黄澄澄时，闪着金光。在唐云的醉眼中，那佛光特别明亮，有一尊佛坐在那黄澄澄的佛光光环之中。

“你们看，那光环中坐着一尊佛！”唐云高喊着，他的醉意已经消失几分。

“哪里？哪里?”在那狭窄的山径上，人群拥挤着。

“那不是吗！”唐云用手指给大家。

“我们怎么看不到！”游山的人抱怨着。

大家都以为唐云站的位置好，所以才看得见佛光中的佛，有几位游客上前把他挤开，站在他原来站的位置上，但仍然看不到佛光光环中的那尊佛。

“看见佛光里的佛要成佛的。”一位和尚奇异地看着唐云。

据说，有许多善男信女在天都峰看到佛光，都以为自己真的要成佛了，为了彻底实现这个理想，就从悬崖上跳了下去，以此为皈依成佛的正果。

但是，此时的唐云没有从天都峰上往下跳。在别人看得正热闹的时刻，他背上酒篓子，带着还没有完全消失的醉意，摇摇晃晃地向鲫鱼背上走去。

只有一米来宽的鲫鱼背，当时还没有铁链栏杆。危崖当空，下临无际，就是一个非常清醒的人，从那上面走过，也会两腿发软，心脏收缩的，何况醉眼还在蒙眬的唐云。大家看到他那轻一脚、重一脚的踉跄样子，都在为他捏一把汗。正当游人不知所措时，唐云已大摇大摆地从鲫鱼背上走了过去。大家还没有来得及弄清楚是怎样一回事的时候，唐云已站在山涧的对面，回过头来喊着："你们怎么还不过来啊？"

"他真的成佛了？"游人中有人这样疑问着。

醉中过鲫鱼背的豪举，总是隐隐地留在唐云的胸中，他笔下的黄山，也总是带着醉意的，而且常常是非醉不画黄山。醉过鲫鱼背之后的几十年，唐云又一次上了黄山。这时他已经是当代画坛的一大名士，自然有人帮助他背酒篓子了。不管是自己背，还是别人背，那酒篓子是不能少的。

这时正是中秋，皓月当空，唐云又带着酒登上黄山虎头岩。在万籁俱寂中，唐云默默地喝着酒，看着被暮霭笼罩着的奇峰异松，不知自己此时身在何处，与黄山同化，与自然同化，与暮色同化。唐云心中在酝酿着一首诗。但是，他又觉得诗又不足以表达此时的感情，画兴突然勃发，在半醉半醒之中，以笔惊风雨之势，作大幅长松，把自己的胸次和黄山之魂，尽兴倾注于纸上。画成，他又挥毫将胸中刚刚酝酿成熟的诗题于画上：

山灵畏我黄山住，墨溉长松十万株。
只恐风雷鳞甲动，尽成龙去闹天都。

唐云《翠涛香海图》

钱瘦铁《菩提古佛》

杯酒论知交

东街有酒西街醉，吃了南家到北家。

唐云体内的嗜酒细胞特别发达，上海滩酒肆都留下了他的酒魂。陪他喝酒的无非是若瓢、邓散木、白蕉、施叔范、唐大郎等。

一天，唐云和这一群酒仙又来到天津路的老裕泰酒家。老裕泰有个习惯，客人来喝酒，用的都是锡制酒壶。这样可以把酒壶放在温水中，温烫出来的酒不冷不热，正宜饮用。酒桌旁还放着一张茶几，客人吃完一壶，就把空壶放在茶几上，再提一壶新酒放在酒桌上。直到客人饮酒结束，老板才以茶几上的空壶多少结算酒钱。

他们刚要入座，唐云又照例把施叔范拉在自己身边的位子上坐下。因为施叔范的牙齿不好，欢喜吃软的食物。唐云知道后，每有酒会，必然要让施叔范坐在身旁，上菜时，唐云就不厌其烦地一次次起立，拣些最适宜于他吃的夹入盘内，真像古时诸侯列鼎而食。不久，唐大郎终于发现这一秘密，每当入席，必然要抢坐在唐云一边。这一次，唐大郎同样也不例外，和施叔范一左一右地夹着唐云。

豪放善饮的唐云

唐大郎自视甚高，很少称赞别人，对施叔范的诗则是每首必读，他称施叔范为“施诗师”。

“施诗师，可有女郎销魂之作？”唐大郎问。

“……”施叔范只是捋捋自己的长髯，笑而不答。

有朋友中，对施叔范都以施髯称之，不呼其名。施氏为人严肃，谈锋很健，且风趣幽默，妙语连珠，全由胸中发出。诗文酒会没有施叔范到场，则满座为之不欢。

看到施叔范笑而不答，唐大郎知道他必有佳句，只是时辰还不到，到时候一定会拿出来供大家欣赏的，所以也就不再催这位“施诗师”了。

唐云一伙饮了数巡，才发现他们对面的桌上也有六人在喝酒。在酒场上，若瓢不相识的很少，可是这六人谁都不相识。各人喝各人的酒，谁喝酒谁付钱，两桌酒仙谁也没有理会谁。

他们喝了一阵，才发现对方似在偷偷地注意着这边，好像是在和这边比赛似的。谁喝了多少，彼此都不知道，只看到茶几上空酒壶在不断地增多。

唐云这方的茶几上空酒壶已经摆满，又在另一张茶几上放了空酒壶。对方也不示弱，一张茶几已经摆满，也换上另一张茶几。

白蕉是个急性子，用脚在桌下踢踢唐云，向另一桌上努努嘴，唐云只是笑笑，又深深地饮了一杯。

邓散木脾气耿直，常有“灌夫骂座”的举动，为人所惮，亦为人所忌。他那过人的愤世嫉俗，是不愿意受别人的气的。这时，他看到对方无视这边，要暗中竞赛，早已坐不住了，站立起来要去问问对方：你们是什么意思？

“井水不犯河水，看谁喝到最后是走着出去的。”唐云的声音很大，是有意让对方听到。

唐云说罢，轻轻地把邓散木按在座位上。

“老板的酒太好了，看来今天是无法走着回去了。”唐大郎和酒老板调侃着。

“诸位慢慢地喝，好酒还在后头呢。”酒老板说得很圆滑，谁也不得罪。

“老板，再搬一缸来。”对方也看出唐云这边的意思，就有意地高喊着。

他们双方，这边看那边，那边看这边，谁也不肯罢盏休战。

到了晚上十二时，唐云这边已喝了两缸。每缸是五十斤，每小锡壶装一斤，一百把空的锡酒壶把两张茶几摆得满满的。

唐云用眼瞄瞄对方，他们喝的还不到一缸半。

“老板，请把第三缸好酒搬来。”邓散木气呼呼地叫着。

老板搬来第三缸酒，往桌上一放，还没有打开封泥，对方桌上一个人走了过来。

“请问诸位尊姓大名？”来人双手握拳在胸前一抱，很谦逊地问着。

“这位是药翁唐云。”

“这位是粪翁邓铁。”

“这位是复翁白蕉。”

“这位是髯翁施叔范。”

“这位是大阿哥唐大郎。”

若瓢介绍一位，那人就鞠躬说：“久仰大名。”

“在下是出家人若瓢。”把大家介绍之后，若瓢做了自我介绍。

“哎呀，都是名士啊，几乎失之交臂。”来人又深深地鞠了一躬。

“请问先生——”若瓢问。

“在下是牙科医生严大生——”来人也自我介绍。

“久仰！”若瓢说。

“老板，这几位名士都是好酒量，酒钱由我这里总算了。”严大生慷慨地说着。

“光垫酒钱还不行，以后我们的牙齿坏了，可要找你啊。”唐云说。

“如蒙唐高士不弃，请常来走走。”严大生说。

唐云把两桌人合在一起，又喝完一缸，严大生付了酒钱才算结束。

从此，唐云与严大生终生为友。

唐云《松龄鹤寿之图》

败在红粉杯下

欢喜喝酒，吃酒的机会总要被他们碰上。

有一天，唐云和他的酒友邓散木、白蕉、若瓢来到一家酒店，正好碰上中国女子书画会的一批女画家在那里欢聚。女画家们邀请他们四位入座对饮。

中国女子书画会成立于1934年，是一个女性美术家团体，成员有顾默飞、陈小翠、陆小曼、李秋君、吴青霞、周炼霞、谢月眉、冯文凤、顾青瑶、杨雪玖、唐冠玉、虞澹涵、包琼枝、丁筠碧、徐慧、余静芝、鲍亚晖、谢应新、杨雪瑶、庞左玉等，她们多出身于书画世家，是社会名媛。她们组织书画会，参加社会活动，报纸上也经常报道她们的新闻。

想当年，唐云在杭州净慈寺曾一度被王映霞灌醉，前事难忘，从此他就不打算和女士们在一起混饮。更何况他曾在一本书上看到过，女人虽然没有酒兴，但酒量很大，常饮数升而不醉云云。他虽然不知道这批女画家的酒量深浅，仍深怀戒备之心。像他这样一位侠性汉子，如果在酒场上败给女性，总感到有些不体面。

刚一入座，唐云就在邓散木耳边悄悄地说："和女人在一起喝酒，当心醉倒。"

邓散木不但酒量很好，酒兴也浓，但经唐云这样一提醒，他也只是看看酒杯，不敢豪饮，每次只是浅浅地抿上一口。

若瓢的酒量不大，只是在酒场上凑凑热闹，当然不是女画家们进攻的目标。

唯独对唐云，他的海量已经出名，更能引起女画家兴趣的还是他那名士风流，今天真要在酒桌上领教一番。

"让我们先敬大阿哥一杯！"李秋君率先举杯，向唐云敬酒。

唐云在家中居长，弟弟妹妹都以"大阿哥"称之。在男性画家中，都称唐云为药翁、大石、侠尘，很少称他为“大阿哥”的，而在女性画家中，又偏偏都称他为“大阿哥”。这一方面表示对他的尊敬，以兄长视之；另一方面也表现几分亲热之态。

如果是别的女画家向唐云敬酒，唐云也许会顾左右而言他，但是对待李秋君，唐云是不愿意怠慢的，同时也不敢怠慢。

李秋君是浙江宁波“小港李家”的后代。小港是镇海县的一个小镇。小港李家庞大财富及事业的创造者李也亭，是李秋君的曾祖父。李也亭二十五岁，由小港到上海学生意，投入南码头曹德大糟坊做学徒；后转业沙船帮，才发起迹来。到李家第三代成长后，终于摆脱了沙船之业，专向钱庄和地产方面发展。李家第三代七人，均为李也亭的独养儿子李梅堂所出。梅堂的第四子名薇庄，亦有子七人，用“祖”字排行，老大祖韩、老二祖夔，老三是个女儿，就是李秋君，名祖云，别署欧湘馆主。

对李秋君为什么将自己的画阁以“欧湘馆”名之，唐云是百思不得其解。恽南田的书斋名“瓯香馆”，唐云是很熟悉的，但李秋君也决无不知之理，欧音同瓯，易香为湘，是她自觉艺事已高于南田呢，还是因为张大千也曾有过像恽南田那样在灵隐寺当过和尚的一段经历？唐云感到这是个无可究诘之谜。

唐云在此时的思想中，为什么会突然冒出张大千来？因为唐云初到上海即有这样一种传说：李秋君才高目广，择婿甚苛，年已逾摽梅，犹待字闺中。初赏杭州唐云，以为才子。唐云长大白皙，自视甚高，谓为唐寅复生。某日，李秋君得张大千画稿，始知天壤之间，唐云之外尚有张大千。传说自不可信，但李秋君的确是张大千的红颜知己。张大千每居沪上，辄客李氏欧湘馆。张大千此时已有几房妻妾，而李秋君出身于宁波小港李家这样的名门望族，断然不会让千金小姐为人做妾的。所以张、李二人生既不能同衾，死亦不能同穴，至多在九泉之下结邻。于是两人相约，合购墓地，互写墓碑。张大千为李秋

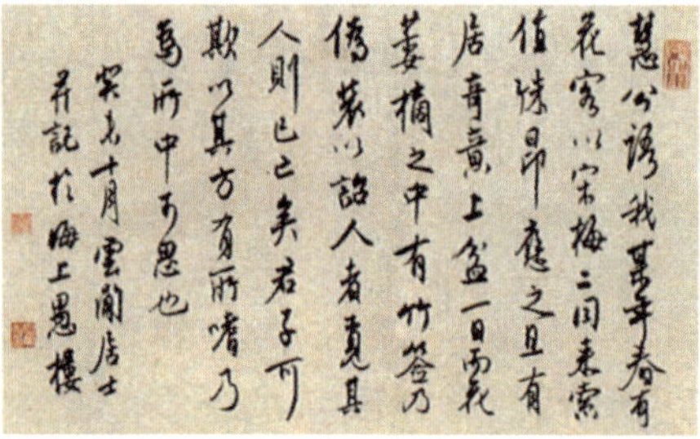

唐云和白蕉合作《幽兰》

唐云《柳塘清夏》

君写的墓碑比较简单，只是“女画家李秋君之墓”八字。

郑重：李秋君到底有没有欣赏过你？

唐云：这都是当时小报记者的无聊之作。我在来上海之前，在杭州就听说李秋君和张大千的事情，张大千不只是李府上的常客，那时就住在李家。我是到了上海一段时间，在一位朋友家里看《曹娥碑》，始与张大千、李秋君相识。我手中有一部《曹娥碑》是宋拓本，我看那一本不如我这一本，认定它不是宋拓，张大千和李秋君却认为是宋拓本。所以当时小报上说李秋君初赏唐云，后识张大千，那是断然没有的事。

“感谢三小姐的盛情，这杯酒我是不能不饮了。”唐云举起酒杯，一饮而尽。

李秋君又敬来第二杯，唐云却不敢再饮了，带着一点求饶的神态说：“我最近心病发作，不敢多饮。”

“这一杯，我替药翁代饮。”白蕉想喝酒，已经沉不住气，趁机喝了一杯。

“你既然敢于代饮，那就要代饮到底。”李秋君又斟满酒杯，举到白蕉的面前。

唐云用脚踢踢白蕉，低声说：“你的胆子真不小，怎敢和她对饮。”

白蕉佯作不知，举起酒杯和李秋君碰了一下，说：“奉陪到底。”

李、白不断碰杯，李秋君却不动声色。

喝到中途，白蕉要出去净手。唐云凭自己的经验知道，喝到中途要去净手的人，情况往往不妙，所以紧跟了出来。白蕉果然倒在厕所里，正在大口大口地往外吐。唐云给他擦擦干净，又把他扶进屋内，他还要再吃几杯。

“三小姐是海量，永远喝不醉的。”唐云表面上是劝白蕉不要再喝了，实际上是把这好话说给李秋君听的。

李秋君《岱岳齐年》

“杭州才子，果然是名不虚传，可惜今天未能领略唐才子的风骚。”李秋君却有些秋波含情了。

“后会有期。”唐云含蓄地说着。

从酒店走了出来，他们扶着白蕉，这支酒场上的常胜军，这时有些狼狈不堪了。若瓢有些沮丧地说：“想不到今天大败而归！”

天南海北，唐云却在醉中表现了一种清醒，而且能善解人意。

一天，唐云他们又共饮于九华堂宝记笺扇庄的“艺海楼”，肴馔甚为丰富，施叔范正襟危坐，有些不安。吃到中途，他突然对唐云说：“酒债当然要还，却不知道今生今世什么时候才能发得了财，如总是发不了财，亦属无可奈何……”

施叔范在友声旅行团当一名职员，在学问上推崇归震川，讽诵不厌，数十年如一日，诗文朴实丰赡，风神秀整，尤以诗为同辈人所推崇。但他的收入微薄，家庭负担又重，他们的聚餐又都是“摊份子”的。有时他就以知识分子特有的清高而避席，唐云又总是强其参加，不允许因此而败众人之兴。他摊的那一份，常常由唐云代付，所以，此时他在席上才说出这样凄楚的话来。

“对不起，早替阁下扶过乩了，他生未卜今生休，你决然发不了财；再说发了财，归太仆（震川）怎么办？”邓散木从中插话。

唐云大笑说：“你还是不发财为好，我们也不希望你发财。想发财的人太多了，轮不到你，何况你不应该发财，即使万一发了财，你又想干什么？”

“说实话，我只想干两件事，即印一部《震川文粹》，修一座震川新墓。”施叔范黯然。

“施髯迷‘归’，可怜可爱。”邓散木叹息着。

“千秋万岁名，寂寞身后事，事实也正是这样。再过几年，震川先生的墓愈来愈没入地下，怕是我也找不到了。”白蕉接着说。

施叔范不再说话，只是连声叹气。

篇之柒

『书画之命，我之命也』

唐云对书画有两句名言，一是“爱画入骨髓”，一是“书画之命，我之命也”。这两句话都有着双重的意思，一层意思是说他欢喜画画，视之如生命；另一层意思是他欢喜前人的画，亦爱之如生命。唐云收藏一些古代书画，但他不承认自己是收藏家，他说自己是个画家，收藏是为了学习。这也许就是韩愈说的“归愚识夷涂，汲古得修绠”。从唐云的藏画中，我们可探出他艺术渊源的几分信息。

唐云与石涛

唐云的收藏，首推石涛的真迹。

早在杭州学画时，唐云开始接触到的启蒙画是山水。他虽为浙江人，自诩杭人唐云，但他对浙派的山水不感兴趣，故一开始就从黄大痴入手，临摹那张名垂画史的《富春山居图》。他当时哪里能看到真迹，临本只是上海有正书局出版的印刷品。尽管如此，他也如获至宝。这样临了好长一段时间，都不知道印刷品的那张原画竟是假的。直到后来有机会看到了真迹，这才知道自己上了大当。

唐云上了当之后，就不想再学黄大痴了，倒对虞山派发生了兴趣。接着又学王石谷和吴门画派的沈石田。在杭州的几年，唐云还没有接触到石涛。

及至到了上海之后，当时书画界对于石涛所表现的热衷，引起了唐云的关注。

他买进的第一张石涛是《竹石图》。

当时，上海滩书画商孙某，颇活跃于上层人物之间。一次，孙某从古董商钱镜塘那里弄到一张石涛的《竹石图》，刚刚到手，适被若瓢和尚瞥见。若瓢熟知唐云此时正对石涛倾倒备至，自然不敢疏忽，忙不迭地把信息递了过去。

“谁教泄漏春光，难瞒一个痴儿。”这时正被石涛搞得如痴如醉的唐云，一听说石涛现身，万事俱抛，立即赶到孙某家，如饥似渴，先睹为快。

说来也奇，这第一张石涛，仿佛鬼神呵护，冰清玉洁，简直像新绘一般。也可能正因为太新了，不少人都说它是假的。对这张画，唐云早先虽然没有看到，但在文物市场上它的真假问题早已闹得沸沸扬扬。

“怎么这样新呢？”唐云看了，心中也在嘀咕着。

孙某也猜透了唐云的心思，同时他也知道唐云的性子，一个刚刚喜欢上石涛的画家，对这张画是不会轻易放过的。

“要说个价吗？”孙某试探着。

“我再看看。”唐云又仔细看了一阵，那张画虽然新，但笔墨中透露出石涛的个性，对它的真实性心中有了谱。

“多少钱？”唐云把《竹石图》卷好放在茶几上。

“这是假石涛。”孙某反而不说价了，似乎在考考唐云的眼力。

“我就当真的买。”唐云说得很肯定。

“那好吧。”孙某满腹狐疑，对唐云感到陌生起来。

唐云自信，所以也没有与孙某进行更多的讨价还价，用三十五个“袁大头”完成了这笔交易。

唐云在第一张石涛画上钤印两方，一曰“不可一日无此君”，一曰“清湘老人”。稍事装裱，见者莫不叹赏，都请唐云让售。

唐云当然不肯出让，自己好容易购得一张石涛，兴趣正浓，还没玩够，怎么能让给别人呢？

但是最后唐云还是抵挡不住好友王季千的磨工，以不足一根金条的代价让给他了。来也匆匆，去也匆匆。事后，唐云少不了些许悔意浮上心头。

接着，唐云欢喜石涛的声名大振，石涛的真迹源源不断地朝唐云的大石斋投奔而来。当然，一个收藏家的藏品进进出出是常有的事。唐云收藏石涛也是如此。

由沈子丞经手的那张石涛，上有长题，原系王一亭旧藏，自然是精品。

其间，唐云用八十块银洋又从钱镜塘那里买进了石涛另一张水墨山水。

那张仅花二十块银洋买进的《庐山图》，尤使唐云狂喜。最后还是慷慨地把那张画送给了若瓢。

佛门布缘，袈裟启衿。若瓢后来又把那张画转送给了苏州灵岩山的妙真和尚。1989年，唐云重上灵岩山。此时若瓢、妙真两位僧人均已坐化，虽莲花国中第一音渺不可寻，而石涛的那张《庐山图》丰神俨在，“壮士拂剑，弥有余哀”，鹤发童颜的唐云，顿时唏嘘不止。

唐云最为得意的石涛画作两件，一件是《春江垂钓图》，另一件是幅画卷。

《春江垂钓图》石涛自题诗云：“天空云尽绝波澜，坐稳春潮一笑看。不钓白鱼钓新绿，乾坤钩在太虚端。清湘瞎尊者弟寄上　八大长兄先生印可　丙子秋九月广陵。”

这是一张石涛画奉八大的画。

有次在大石斋，唐云向笔者展卷出示《春江垂钓图》，伴以指点：“这样的画很少见，比如石涛所作直接写下八大上款的，至今我还没有见过第二幅。”

在唐云所藏的石涛真迹中，最引为得意的还是那幅画卷。画卷分四段：梅花、山水、兰花、山水。

卷末，石涛题了一首七律：

沿溪四十九回折，搜尽秦淮六代奇。
雪压东山迟著屐，风高西壑早吟诗。
性情孤冷谁为伴，春到兰芳尔放姿。
大地正花先结子，酸心如豆耐人思。

唐云藏石涛《竹石梅兰图》

唐云曾将此卷赠予陆南山。陆氏抚玩多年又归还，唐云题引首“苦瓜妙谛”，并跋：“南山亲翁属由之、丽珠持余旧藏，此卷见还，欢喜无量，永为大石斋长物之一。”从此这个画卷伴随唐云多年，造次必于是，颠沛必于是，始终未许他人载与俱去。

1955年，冒广生获观，赞叹不已，拜题四绝句于卷尾：

胜国山河付劫灰，重来灵谷一低徊。
孝陵松柏摧薪尽，剩有酸心结子梅。

江湖满地一孤舟，罢钓归来夕阳收。
谁缚茅庐松下住，故人华屋总山丘。

绝壑长林积翠浓，鸣泉入耳响淙淙。
天涯故国无归处，拄杖山腰听暮钟。

江上残山隔石矶，渔樵坐对两忘机。
不须更洒宗周泪，但看风前短发稀。

药城兄以苦瓜和尚画卷属题，画凡四帧，各缀一诗，不知能抓住和尚心于万一否。乙未三月水绘庵冒广生年八十三。

八大《鱼图》

八大《水仙图》

唐云与八大

唐云的花鸟虫鱼，虽以华新罗为主调，但偶尔也会透露一些八大山人的踪迹，他直接临摹八大的作品也不少。

唐云对八大很有感情，其所倾注的爱，并不亚于石涛。而且唐云的八大藏品，每一件都有一番不同寻常的经历。

在唐云的画室——大石斋里，只要稍加留意，人们不难发现，挂在两侧的古书画，隔三差五，经常更换，层出不穷，或石涛，或董其昌，或华新罗，或金冬心，以至吴昌硕、齐白石等，随着大石斋主的兴趣，就像吃菜需要调剂口味那样而不断变易。唯独壁上挂着四只镜框：《水仙》《鱼》《竹鸟》《香橼佛手图》这四张八大山人的画享有固定位置，垂数十年而岿然不动，真是“相看两不厌”，非此莫属。

那四张八大神品，殊途同归，各有来历，足资谈助。

那张《鱼》，原系南京新金陵八家之一宋文治的藏品。唐云听说宝物有主，专程赶到南京。见到宋文治，二话不说，就是要买他这张八大。

不久，唐云果然带两张齐白石的扇面重上南京，把八大的那条千古不沉之“鱼”顺利地换到自己手中。

书画界的内情：古人的名书画，每每转来转去，往往数易其主，今天在这家，明日说不定又转到那家，云烟过眼，毫不足奇。某画家今天手中有钱，一下子可以买进许多，明日阮囊羞涩，又不妨一下子把它卖个干净，旋得旋失，从来如此。但这中间，主要的却是友情的传递，宝剑红粉，不违古道，性质上完全不同于市井交易。唐云两上南京，宋文治善处其事，惺惺相惜之意，盎然可迹，千百年后不失为一段佳话。

那张《竹鸟》是唐云的一位高足，为感谢老师的栽培，特地把家传藏品至诚奉献，亦一能行古道之有心人。

八大《荷花图》

八大《香橼佛手图》

那张《水仙》则是唐云购于1955年上海中国画院初步筹建之际。

那张《香橼佛手图》前因如絮，说来话长。唐云少年时代在杭州就看到过。他的父亲也喜欢收藏名人书画。唐云至今记得，当时曾有人把那张画送到他家，他父亲极为爱惜，咏赏赞叹，喜溢眉宇，并要唐云说出好在哪里。唐云哪里看得懂，就说那是一块石头。父亲笑了，告诉他那不是石头，而是一个变了形的布袋和尚。以后，也有人说那是一只布口袋，唐云感到也有些像，再看看那画上题的诗，可又玄机太深了，幻境心造，始终是个谜。

那张画卖主索价五十块大洋，不是一笔小数目。唐云虽然赏玩了好几天，窘于经济，终于不得不拱手奉还，在惜别的心情中留下深深的缺憾。

唐云与那张画重逢，则已在挟砚来上海之后，无意中见之于古玩市场。这一次，为补已往的缺憾，立即把它买了下来。画上到底是什么，他仍然看不懂。于是唐云把它挂在壁上，作画之余就面壁而坐，天天看，一天看数次，就这样看了半年。一天半夜，他突然看懂了，八大的那张画，既不是什么石头，也不是什么布袋和尚，更不是什么布袋，而是“难向史家搜比例”的佛手香橼！

八大真迹，唐云收藏的当然不止这几件，此外还有《玉兰》《荷花》之类。其中最使他推崇备至、津津乐道的还是八大七十八岁那年所作的题满东坡《喜雨亭记》全文的鱼鸟册页。

册页上画着两条鱼、两只鸟，页尾八大题曰：“今天不遗斯民，始旱而赐之以雨，是坡公一篇大主意。乙酉江右自一月以至四月不雨，闰四月十日乃雨，晓起寤于草堂漫一过。八大山人时年七十八。”画上见有“素甫”的收藏印。素甫与八大、石涛同时代人，石涛曾为素甫作画，可考。

唐云屡屡向笔者谈道：“八大山人的画，题上年龄的一直罕见，而题七十八岁的画，则海内外迄今未之见也，可谓云间一鳞。此册作于八大七十八岁这一年的四月，翌年十月，他老人家随即不可讳了——这会不会就是八大山人的绝笔了呢？”

郑重：这可真是“其人虽已没，千载有余情”了。你能评论一下八大的画吗？

唐云：我可以给你说说八大的《瓶菊》。

八大瓶菊，无论运笔用墨或是整幅构图，莫不从平整简括中显奇突。几朵菊花，看似随意勾来，实则饶有韵致；点叶发枝，挺健稳定，充分表现出一种经霜不凋而耐寒的精神。再看瓶的线条，互有粗细、快慢、曲折、干湿、浓淡之别，既有对比，又有统一，那瓶上的墨点，恰好表现出陶瓶的质感。作者豪迈倔强、磊落不羁的个性与他大胆的创新精神，无不从物体描写的形象中自然地流露出来。

郑重：石涛与八大的友谊，是为人所推崇的。你对八大与石涛的友谊是怎样看法？

唐云：石涛和尚和八大的身世相同，都是明朝宗室，清兵南下以后，遭到国破家亡之痛，隐姓匿名，遁迹空门。石涛的遭遇似乎比八大更惨，出世入世的矛盾表现得更为复杂。他童年就削发为僧，亡命离开广西故乡，一直过着流浪生活，从南京、安徽等地最后转到扬州，客死异地。正因如此，石涛对祖国河山更多怅触，亦更多爱恋；反映在他的山水画上，苍茫沉郁，较八大更富真实性和现实性。八大傲岸不屈，倔强的个性反映在他的花鸟画上，比山水更为突出；他画鸟画鱼，每加夸张，都是白眼向上，怒目而视，显示出对当时统治者的对抗情绪。两人的艺术风格，异曲同工，各有千秋。

他们两人之间是互相推崇的。在当时环境下，当然不可能过从甚密。从他们合作的画上可看出他们心心相印，相互仰慕，但无法了解他们往来情况。这些合作画有：八大画兰石，石涛补竹；石涛画桃花源图，八大写《桃花源记》。八大画水仙，与当时“四王”画派针锋相对，竖立起鲜明的革新旗帜。尽管当时统治阶级抹杀他们的成就，但是他们的艺术光辉终究照耀着人们的心目，后人对他们的评价是超过“四王”了。

唐云与华喦

新罗山人华喦，字秋岳，1684年（康熙二十三年）十月初七日生于福建上杭白沙村。上杭古为新罗地，因以新罗山人为号。

在唐云收藏的新罗山人的作品中，最早的一幅是《花径春雨图轴》，两朵牡丹是用没骨法，叶子则是勾勒的，自题诗云：

华径悬春雨，丝丝絮絮飞。
绿香蒙野丽，娇态耐酣肥。

华喦《花径春雨图轴》

另一幅是《清英图轴》，一盆菊花，花盆已经破了，用一根草绳子束着。这幅画作于雍正八年（1730），其时新罗山人对生活已有高一层的体验。自题诗云：

僻性勇奇嗜，餐秋玩菊劳。
带宽分束瓦，巾敝独黏糟。
傲骨支陶节，清英繁楚骚。
团磨石眼水，惨淡拂生毫。

这首诗冷艳凄清，寄托遥深，拈花微笑，心事如画。

再一幅就是《鸟鸣秋树图》：一茎挺空的红枫上，竦立着一只画眉鸟；画的下部是竹石，石上斑斑驳驳地用浓墨飘点着。

笔者看到唐云每展卷相对，莫不沉思良久，有一次问起其中的原因。

郑重：你为什么这样喜欢新罗，还继承了他的衣钵？

唐云：你看那些用浓墨点出的苔痕，水灵灵的，宛如初承雨露，苍翠欲滴，鲜活生动得令人忍不住要去扪它。

郑重：你本来学山水，后来转向花鸟，这一转变是不是从新罗开始的？

唐云：是的，但我真不知道新罗是怎样点出来的。

学新罗，主要是取其神韵而不是掠其形式。他经常谈到这点：学前人的形式，只能得其皮毛，唯有悟出前人的神韵，方是吸收了营养，才能滋生出新鲜的血液，化为自己的力量。

唐云对八大和新罗的喜爱，可以说是终生不渝，深入骨髓。1989年冬天，八十岁的唐云画了一幅《冬瓜小鸟》，画上题了一首新作的小诗：

平生爱八大，亦复喜新罗。
两者合为一，聊当自唱歌。

唐云与金冬心

唐云的藏品中，从数量上来看，当推金冬心的作品为第一。

从唐云的学画过程来看，可以说他的乡土观念是很强的。他到富阳时，学黄大痴的《富春山居图》；华喦在杭州长期生活过，花鸟就学华喦；金冬心是他的同乡，他更以此作为华喦以外的另一种艺术营养。

唐云的大石斋中经常挂着金冬心的一副隶书对联："王笔活鸾凤，谢诗生芙蓉。"

唐云童年时在杭州就看过那副对联的印刷品。当时曾有一位前辈想考考他，要他说说"王笔"和"谢诗"的典故，他不假思索，随口就答出那是王羲之和谢灵运的故事，前辈见他应答如流，大为满意。

二十多年后，唐云定居上海，重见此对联，把它买了下来。经过精心收拾，重新装裱，一代文物，顿还旧观。

唐云收藏的金冬心之一《墨竹图轴》，在这幅墨竹上，冬心先生还作了长题：

康熙丁亥岁，余读书于先师何义门先生家，见沈贞吉隐君画竹小幅，翳荟之趣，如坐幽谷，其父为孟渊处士，其子即石田翁也。居相城里，山与溪，艇非艨，流净侣，弗与游，三世不慕绯绶著簪韦带，皆享耄耋大年，吴中言往哲者至今称之。今余追想其笔，漫然写此，然不强合其妙耳。并题诗曰：文洋州世不复有，阎助教近亦无闻。即今坡老已踪涧敛袂，何人知此君。乾隆庚午九月杭郡金农画并题记及书。

唐云评书论画，主张公正，不以门户而稍曲董狐之笔，不以一己

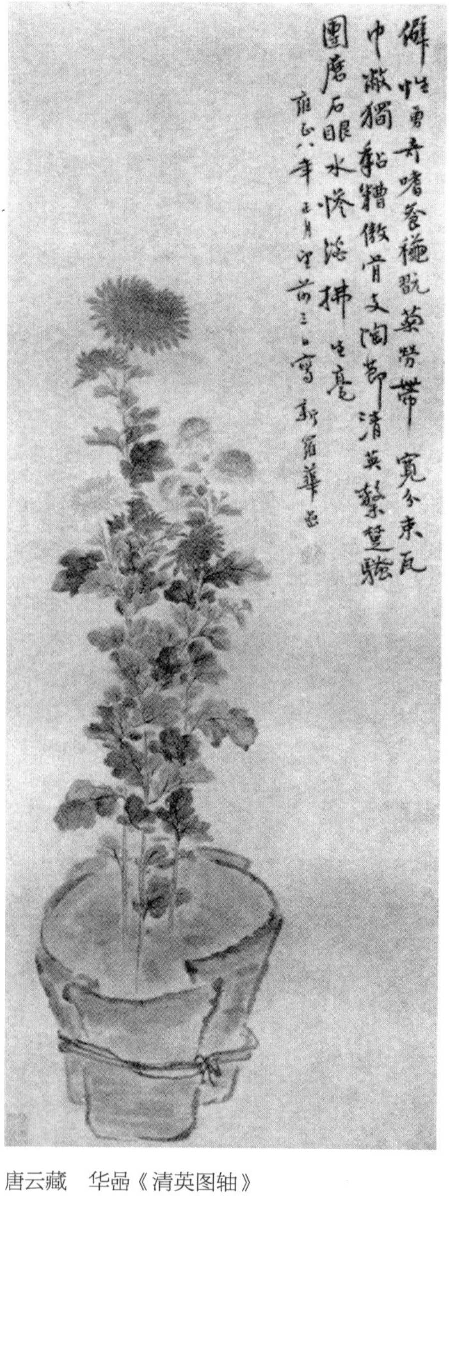

唐云藏 华喦《清英图轴》

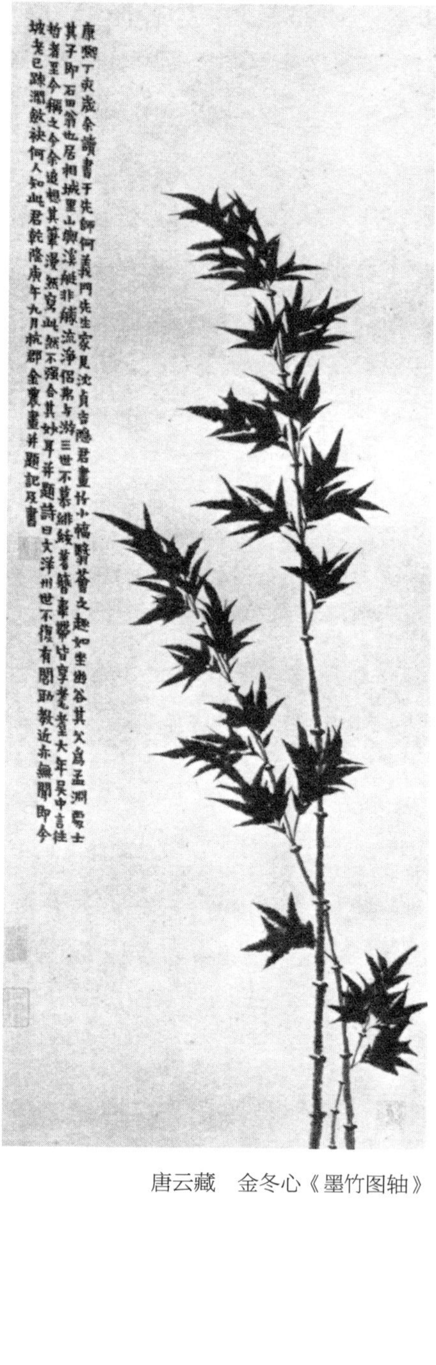

唐云藏 金冬心《墨竹图轴》

金农《香茅盖屋图》

金农《闭庐不读图》

山中晴雪
曲江外史
小華

客窗偶見緋梅半樹因用玉樓人口脂
畫之彼姝曉粧毋惱老奴竊其香奩而
損其一點紅也不覺失笑
金牛湖上金二十六郎記

唐云藏　金冬心《梅花图册》

爱恶而忽其春秋责备贤者之义，对于金冬心题画诗的后两句，他是不以为然的，他对笔者说：“金冬心也有摆老资格的毛病，总以为前人不如自己画得好。”

此外，唐云还收藏有金冬心的《菩提古佛图轴》《墨梅轴》《梅花图册》《闭庐不读书图》等。

唐云多次向笔者谈到“清代的画家中，冬心先生题画的句子最有意境，极耐吟诵。”所以，金冬心对唐云的影响并不局限于其画及隶书上，占相当比重的更有诗的一面。唐云的诗，闲适清静，纯粹从肺腑中汩汩流出，并不刻意求工而胎息甚古，百年心事归平淡，格调就自然高了。

唐云与颜真卿

就唐云现在的艺术而言，看不出他与颜真卿有任何因缘关系，实际上在他的内心中对颜氏有着倾倒之情。他少年习字虽从颜真卿入手，但没有给他留下什么深刻印象。而他现在念念不忘的还是颜真卿的《南城小麻姑仙坛记》的宋拓本。

历来书画收藏家们嗜好互殊，取舍不同。杭州收藏家们的一个传统习惯，则是喜欢收藏颜真卿的《南城小麻姑仙坛记》，而以宋拓本为深孚众望，共推第一。

唐云原来就是“杭人”

史传，方士王方平东上括苍山，路过吴蔡经家，曾与麻姑仙人相遇。颜真卿即据此说，于唐大历六年（771）作《麻姑仙坛记》，并书碑树之抚州南城县。石高六寸，广尺许，相传为玉版。字甚小，而笔力遒劲，实累黍而有寻丈之势。宋建昌年间，此碑跌裂，至明万历年间，季膺出守建昌，始命石工章田重刻，后人谓之“章刻本”，流传于世者以此为多，自此即有原刻本与翻刻本之别。嗣后，北宋的龙安

青年时代的唐云

寺本、文征明的停云馆本等万历复刻本与广东粤雅堂的宋拓本杂然纷出，见仁见智，聚讼迄未休止。

唐云十几岁开始学书，即从颜书小楷《麻姑仙坛记》入手。六十多年过去了，至今他仍藏着幼年所临的帖。不仅如此，而且随着时间的推移，他还广泛收集《麻姑仙坛记》的各种拓本，包括宋拓本、明复刻本、非宋非明翻刻本以及“曼生壶”作者陈鸿寿的收藏本。

1982年，唐云将他所藏的宋拓本重新装裱题曰：

南城小麻姑仙坛记，原刻本向不多见，世所见者大都从越州石氏本摹出，文氏停云馆亦然。

南城本书法方朴雄厚，结字宽博，气势磅礴，越州石氏本则雄而不古，结体松懈，气短势弱。

南城本原刻第十八行乃浅于往者之往字彳部首撇笔，回锋向上，翻刻本则直撇而下。

此本纸墨古色盎然，神采奕奕，拓墨虽略掩字口，无伤精神，用第五行黑色旌旗之色旌二字未损，真宋拓南城原刻本。

一九八二年十月二十日杭人唐云题于大石斋

1986年，唐云去苏州，偶然中又得一册宋拓本《南城小麻姑仙坛记》，“门中双玉降臣家”，此则若有冥契，遇之自天矣。

此后，唐云携带此帖多种版本，遍历西安、成都、重庆等地，沿江而下，每至下榻之处，息交绝游，逐字对勘，辛勤所至，终于判断真本，定于一尊。杭州碑帖专家徐行恭详审鉴定，欣然题诗志佩：

平原运笔若运斧，正气岩岩式钟鼓。
仙坛一记少入神，虎踞龙蟠瘦蛟舞。
南城小本皆失真，秘之怀袖凭夸诩。
方当藩镇嗟不纲，秉节军前谕骄虏。
大声震屋屋欲崩，盈庭群丑惊栗股。
忠鲠在腔勤研耕，人间焉得不推数。
唐侯荣古讵虐今，插架琳琅帷坐深。
心融书画衷厥理，丹青脱手若费斟。
宝此旧拓穷研考，摩挲珍惜逾来禽。
愿君什袭贻燕翼，慎诚高明防鬼侵。
故家几罄筐与箧，扬帆海上谁则任。
谛观眼饱发狂笑，楼头苍昊开层阴。

大石尊兄方家督题，乙丑九秋徐行恭时年九十有三

值得一记的是，在唐云收藏的多种《南城小麻姑仙坛记》中，内有一本原系复楼主人俞复的收藏，见有宣统三年（1911）的题识，而唐云恰于是年出世。“物换星移几度秋？”整整八十年了。

篇之捌

学藏一体见真性

学习与收藏，在唐云这里已融为一体。他的收藏本身是为了学习。可能是由于他有这样的切身体会，所以唐云的藏品不仅肯让识者观赏，而且还肯借出临摹。已出版的不少画册，由唐云提供制版的殆难偻指，大概凡能泽及后学，唐云从来都不“独乐”的。比如，他有一部清人方环山的山水册页，林风眠就曾借临过其中的一开《秋山图》。

郑重：有的画家也有收藏，但都秘而不宣，大概想从中学些别人不曾见到的东西吧？

唐云：一个人有了一定的收藏，必然会结交不少的同好者，各出所藏，相互赏玩。朋友手里有我喜欢的书画，专程登门求观或借回漫临一过，同样乐在其中。不过这样的欢乐，不足为外人道也。

郑重：前人将收藏古字画标准归纳为真、精、新三条，我公看法如何？

唐云：真、精、新三条是收藏古字画的最高标准，也是最佳条件，然而不易得，退而求其次，那就是真中求佳。我的做法：真迹购藏，赝品不要；过于破旧，徒乱人意，虽真亦不要。

郑重：对于旧卷轴，你可有重新装裱的习惯？

唐云：重新装裱与否，首先要看卷轴本身有没有这个必要。有的烟熏尘积，有的蠹蚀霉烂，有的年久残脱，有的装潢甚劣，都可以成为古迹重装的缘由。其次，重装与否，还决定于有无相应的装裱高手，此一节则常为某些收藏家所忽略。正确的做法是：有高手能人则重金礼聘；若遇庸工愚匠，则切不可轻举妄动，更不能粗心大意！要知道中国书画的装裱，除了便于观赏，更重要的还在于延长古代书画的寿命。古书画年龄老了，上百岁的，几百岁的，甚至上千岁的都有。谁都应该想方设法，使其延年益寿，代代相传。

唐云对古书画的收藏，是花了一番心血的。历年来他所购入的古书画，不少都经过重新装裱。不但如此，他还根据古书画的原件尺寸，要家人缝制锦囊缎套，外加对襟纽扣；或请能工巧匠，配以木匣，缎口衬里，然后一一亲笔题签，日久成为惯例。

对过眼的古字画，唐云曾有《读画札记》，摘要性地条分缕析其原件尺寸、题跋、印记收藏与流传等项，偶然也分析性地写上些个人心得。这样的手稿积有数厚册，仅待最后删定。十年“文革”，文物之被摧毁，空前残酷，上海的书画界，唐云首当其冲，自亦无法幸免。大石斋迭经抄掠，凶锋所及，这些手稿，荡然无存，至今下落不明；其仅存的一小部分，则由友人装成一部册页，交由荣宝斋加以印刷，式系淡蓝色直行笺，每面八行，单鱼尾，扉页钤有“唐华盦”“大石”两印。由于唐云的交游广，见闻博，考证详审，结构严谨，是一部极有资料价值的读画笔记。

唐云藏　王翚《山水图轴》

唐云（左一）、东山魁夷、朱屺瞻等人在上海博物馆

郑重：你自认为你的鉴别眼力如何？

唐云：不高也不低。传世的古书画渊源复杂。某些作品，岁月既久，真赝难判，向来见仁见智，英雄所见不同，不易定于一尊而万喙俱息。但鉴别真赝，也不是什么神秘莫测的事，最根本的一条，端赖“熟悉”，一切犹如每个人对自己熟悉的朋友，即使他在隔壁房间谈话，一听话音，你就能辨认出是“何许人也”，鉴定是同一道理。当然，古书画不能言，一直为某些人引为憾事。否则，来上个自报家门，“我是宋画”“我是明画”“我是真迹”“我是仿品”，那就省事多了。但是，也还有《庄子·大宗师》：“今大冶铸金，金踊跃曰：‘我且必为镆铘。’大冶必以为不祥之金。”难保不被“掷而去之”的。

郑重：你认为玩古玩需要具备什么条件？

唐云：三个字：眼、闲、钱。玩字画古董，首先要眼力好，还要懂和看得准。要眼力好，就要多玩，有比较才有鉴别。我早年曾在南京看到两张石涛的扇面，其中一张是《春海棠》，背面还有石涛的字。那时正在吃酒的兴头上，醉眼蒙眬，就掏三十元钱把它买了下来。翌日忆及此事，取出仔细一看，假的。虽假，还可以玩玩，那字嘛，可假得没有水平了。我就把字揭去，而把画转送了钱瘦铁。老钱说：“老药，你怎么搞起假货来了？”我说：“走路也有摔跤的时候。”鸡虫得失，不入于心。

長沙西南有金牛岩漢武時有田父牽一赤
牛告漁人欲渡江漁人云船小豈勝得牛田
父曰但相容不重君船于是人牛俱上及半
江牛糞于船田父曰吕此相贈既渡漁人怒
其汙船吕橈撥糞于水欲盡方知是金詫其
神異乃躡之但見人牛入嶺隨至而掘之莫
能及也今漁人掘處尚存 乙丑夏五奉
褱翁先生清鑒古杭金農書

唐云藏　金冬心《隶书轴》

至于那个“闲”字，更容易理解了。任何一个人如果一天到晚为稻粱之谋，疲于奔命，心如悬旌，哪还有什么访古玩古的闲情逸致？闲也有条件，不嫖，不赌，不投机，心就能闲起来。

天下的好东西很多，只要出重金就能买到，没有钱就向朋友借，买茶壶，买书画都是这样。这些话都是我自己的收藏原则。正因为这样，当时的古董商人好东西一到手，照例先要送到我这里善价而沽，精品神品亦以是归之。

郑重：你的眼不高也不低，就说明鉴别还可以；你的“不嫖、不赌、不投机”的“三不”说明你还有几分清闲，心很静。现在剩下的就是钱的问题了。在画家中，你还算是有钱的了？

唐云：我没有钱，想买东西就画画换钱。不过，有时我的日子过得也很紧。抗日战争胜利后，钱瘦铁曾给我送来东坡先生的《寒食帖》真迹，卖主索价八万元，我就没法购藏，终为张大千所得。我的头寸比张大千要少些，当时的朋友也不如张大千的朋友多。只要国宝不流出国外，楚弓楚得，又有什么大关系呢？

唐云《不倒翁》

唐云藏　王原祁《仿梅道人山水》

无论买什么东西，我总是以力所能及为原则。比如挑担，平时能背一百斤，一百二十斤还可以撑一撑，要叫我背一百五十斤，那就背不动了。戒之在“贪”，故无后累。

我买东西，有时聪明，有时是笨的。这是因为我的藏品不少都是买来玩的，有些则仅出于借鉴，并无多大的保存价值。出入之间，自然免不了做了“蚀本生意”。积财千万，不如薄技在身。收藏是从吾所好，但决不玩物丧志；更为重要的是，无论收藏什么，终极目的应该是“积技”，而不是为“积财”。

唐云（左）在香港鉴赏家刘作筹家

唐云藏　朱耷《芭蕉竹石图轴》

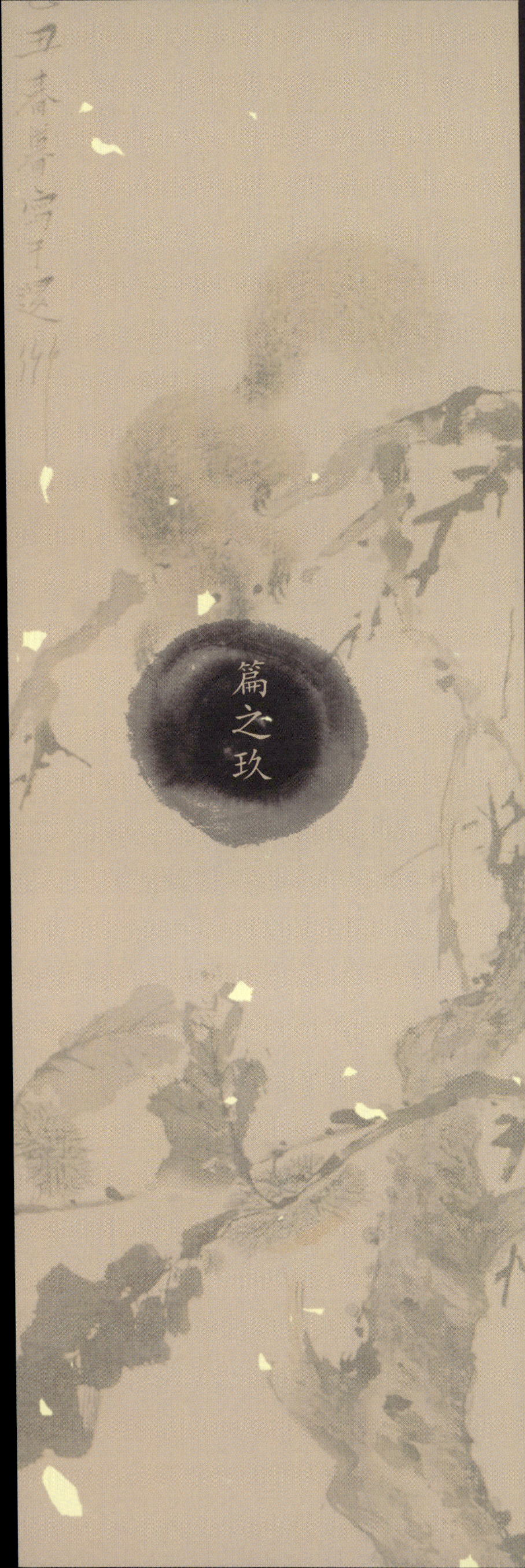

篇之玖

砚田小 可以稼

画家的笔砚，犹如战士借宝马钢刀驰骋疆场、出奇制胜，都是必不可少的。战士爱宝马钢刀，唐云爱笔墨纸砚。

唐云的藏砚，大体可分为下面这些。

瓦当砚

唐云所藏瓦当砚，多为汉代瓦当制成。其中有“与天无报”“长乐未央”等。“长乐未央”上的题铭为：“得寸田，斯力食，长守缺，乐无极。壬戌秋日得长乐未央残瓦于厚塍王氏斫为砚而系之以铭。吴僑。”

砖 砚

江南的吴兴、长兴、宜兴、德清、武康一带，历史上曾有收藏古砖的习俗，有的人家藏汉砖，三国时吴砖、晋砖不下千方。一些好事者将所藏古砖上的图案和文字制成拓片，付梓印刷，广为流传。诸如《千甓亭古砖图释》即是这类著作。

唐云所藏砖砚，知其名的有：

西汉君子砚 此砚原为吴昌硕案上物，后为唐云所得，砚上有吴昌硕作的铭曰：“君子固穷，诗穷而后工，噫吾道从容。醉侯仁兄索铭。”唐云得之后又铭：“大石斋长物。”

凤凰砚 此砚用东吴凤凰三年砖制成。此砖在烧制时，即铸有“凤凰三年”的年号。唐云得之并铭：“沈觉初赠予凤凰三年砖砚，即画数笔，仍请刻之，以为永年。一九八一年三月，唐云。”

咸和二年砚 此砚系用晋砖制成。砖的边上铸有“咸和二年”字样。制砚后，由张廷济（叔未）作铭曰：“晋断砖，咸和二，作研田，宜文字，永宝旃，大吉利。道光癸巳夏日为佩金马兄书张廷济。”此砚上还有一铭：“咸和丁亥湘抟土，问年甲子逾廿五，作砚宜与凤嘴伍，以鸣国盛箫韶谱。改斋先生属龙石铭。”

元康砚 此砚为晋砖制成，砖的边上铸有“晋元康七年八月丁丑。茅山里施博所作”的字样。砚底有张廷济作的铭：“茅山里砖型不一，百陶楼藏有横画，徐球（字少辅）征诸通鉴文，丁丑却宜作七月，抑或史于丁丑上，八月二字写脱误，此文瘦硬世罕匹，施传施博文难执，何如琢作砚田宽，马帐修书供点笔。道光壬寅仲冬廿一日为芙峰先生作嘉兴张廷济时年七十五。”

对此砖砚，金石家张廷济做了一番考证。但是对砖边的文字“施传”还是“施博”，他无法论证。笔者从《千甓亭古砖图释》上，看到此砖的砖谱，经同大石斋中的藏砚验证，认为是“施博”，而不是“施传”。《砖谱》上有这样一段文字：“晋元康砖与上砖文字悉同，盖出一范，因已琢而为砚，有张叔未解元勒铭，更为可贵，特并存之。”唐云的那方砖砚，正是《千甓亭古砖图释》上的那块砖。

石 砚

乾隆铭砚 此砚呈紫红色，有乾隆制的砚铭：“犀其文，瓶发口，制始谁，守德寿，法伊书，吾何有，论伊人，吾弗取。仿宋德寿殿犀文砚 乾隆戊戌御铭。”宋德寿殿为宋徽宗收藏文物的所在，从铭文中可以看出乾隆对宋徽宗有许多不服气的地方。

两垒轩砚 此砚上的铭文为：“样如金蹙小而轻，微润将融紫玉英，石墨一研为凤尾，寒泉半勺是龙睛。莘田。”此为黄莘田（任）的藏品，砚上刻有“两垒轩”的字样。

明砚 此砚有王牧之撰铭：“如复碗，不自满，尚憨憨。正统二年牧之作。”随后又有张祐铭：“圆通自在，藏其而待。张祐。”

端砚

唐云和儿子逸览在北京钓鱼台

此砚铭文为："端州嵒石润如玉，不涩笔兮不攻墨。琢为平田水注兹，□□涵濡帷窗□。明窗大几清无尘，春蚓秋蛇随意画。方厓澂君倩赤霞山民士璋铭篆。"随后，又有陈莲汀撰的记云："钱公士璋为明遗老，年八十余隐居西湖赤霞山中，善琴喜吟咏，名重京师，篆铭尤为世珍保之。道光丁亥获观此砚于南屏山下，随置之案头，多一良友。莲汀记，小鲁刻。"

竹节砚

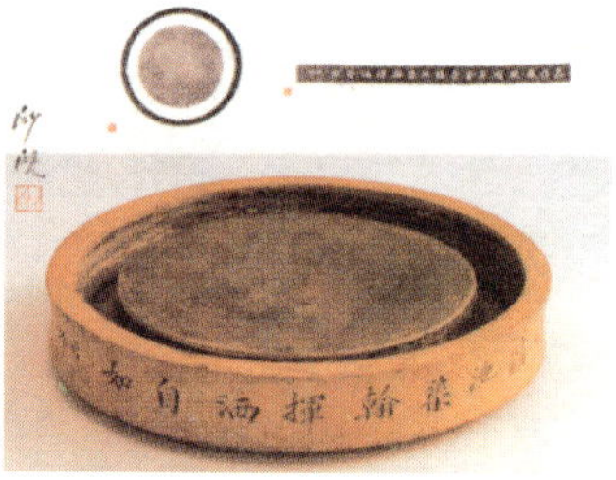
紫砂砚——唐云藏

铭为："居虽无竹有其趣，一节苍然忘俗虑，竹耶石耶青眼醉，为我衰年作诗助。萱然亭主藏并铭。"砚旁又有一铭："翳惟此君，为坚多节，裂土分符，就封即墨。荊斋属镜泾铭并刻。"

宣和砚

砚上有一段题识："朴庭与竹汀先生最精鉴古，花朝夜并访予于虎丘寓楼，纵谈金石及砚，因于案头审定此为宣和砚无疑，予故录前贤冬心铭而识之属曰：云一缕，朝朝暮暮润如许，岂待玉女披衣而后作雨耶。癸酉二月张问陶。"砚端刻有"岫云庵摩"及"小守园阁藏"的字样。

澄泥砚

砚铭为："如心福德聚，应念来牟生，古人耕不尽，留与后人耕。

戊申春大人经营义田，梦人索余咏田应声云云，梦中复治梦曰，得子吉兆也，果得田儿，爰勒砚阴而与之。得天。”

唐云不但收藏许多古砚，他自己还制作新砚，而且自制砚铭。从唐云自制的砚铭中，可以看出他在探索人生和人世的哲理，把自己的情怀寄托在小小石砚上。

葫芦砚

唐云在葫芦砚上制的铭文曰：“憨道人之铜，白云子之铁，起云烟化万物，我爱我一握之石。”从这小小的砚铭上，也表现出唐云的自得与自信之情。

蛤蜊砚

唐云的蛤蜊砚，像一只小小的蛤蜊。唐云于砚上铭之曰：“砚田小，可以稼，鼓足劲，谷天下。大石一九五八年夏。”

唐云制砚，多为沈觉初刻，从他和沈觉初的书信往来中可见一斑。

信之一：“觉初兄：久违，甚念。弟有小砚一方，甚精。烦兄一刻，弟年老眼花，字不能精，书于下作参考。草草即候近安 唐云三月八日。铭于后：斯石精，一味青，琢为砚，形如瓶，能守口，常相亲。老药铭，觉初刻。”

唐云与孙子唐韦、唐永辉

唐云《木棉花》

唐云《松鼠》

信之二："我久用之砚，求请镌之。字画刻深些。耐洗涤不致模糊。觉初老兄　弟唐云。"

信之三："左方小印请刻觉初刻三字，地位我已一再考虑过，不要移动。请刻深一点。砚盖常揩抹，深则笔划耐久。能速奏刀为感，因此砚我手头常用也。觉初兄　弟云。"

信之四："承物色永嘉砖砚，质细发墨，颇适用，因请老友朱大可题铭，烦兄刻之。大可二字傍长方小黑框，可刻觉初刻三字。大可恐朱书于砚不甚清晰，另书一纸，藉作参考。费神费神，容谢。此上觉初兄　唐云二月十一日。"

唐云从黄山归来，得一块奇石，上有松枝纹路。他依照石的天然之姿做了设计，并铭之："黄海归来携一片，峭壁奇松朝暮见，拏空夭矫墨翻云，三十六峰开生面。庚子秋　唐云铭。"此砚亦为沈觉初刻。

篇之拾

君谈佛法

我画云山

抗日战争爆发，唐云率九口之家，渡海来沪，靠卖画为生。

唐云的父亲开了家药店，乐善好施，在杭州城里素有“唐菩萨”之称。唐云幼时，白白净净，生得非常“富态”，又留着一个光头，小朋友都称他为“唐和尚”。这个雅号被人们叫了很久，直到在上海成名之后，一些老朋友才免此叫法。

我和唐云交往多年，深知他对佛家学说极有兴趣，交谈中常带禅学的机锋。

“你的生性有佛根。”有一次我这样说他。

“我有几位和尚朋友，可谓是生死不渝，可能是与佛有缘吧。”唐云说。

唐云和佛家结缘，应当说是从他学习恽南田的绘画开始。

一天，唐云在父亲的书房里东翻西翻，找到一部线装的恽南田的《瓯香馆集》。对恽南田的没骨花卉，唐云是不喜欢的。此时他正钟情于山水，也热衷于学作诗，他觉得读读恽南田的诗，也可以领略一些禅机的乐趣。《瓯香馆集》卷首，有一篇恽南田的重孙鹤生写的《南田先生家传》，唐云读了之后，兴趣很浓，原来恽南田也在灵隐寺当过和尚。恽南田毕竟受不了当和尚的清苦，不久就还俗学画了。开始，恽南田学的也是山水，主要是临摹黄大痴的陡壑密林。唐云感到高兴，恽南田和他相去数百年，拜的老师都是黄大痴。恽南田改画南唐徐熙的没骨写生花卉，含苞待放，残英半堕，画上题语尤精，兼工书法，时人称之为“三绝”。但结果呢？晚年的恽南田仍然是心境凄凉，过着“烟云不改旧时贫”“独采苹花待故人”的生活。

恽南田的身世在唐云的心中引起不小的波澜：和尚没有当成，画居然成功了，但仍然无法改变那贫困的生活。唐云自己的画虽小有名

唐云《佛像图》

气，谁又能保证他会成为黄大痴式的大画家呢？唐云虽然没有出家当和尚，但和尚的生活对他又特别具有吸引力。所以唐云认为：画画与当和尚相结合的生活，那就是一种最完美的人生了。

恽南田在灵隐寺的机遇总是留在唐云的心头。他再一次来到这个佛门圣地，不只是为了游玩，而是想交一个和尚朋友。

唐云知道灵隐寺内有一位叫却非的和尚。对这个法号，唐云很喜欢，他说："却非，却非，了却是非。"

"小施主，请问你叫贫僧为何？"随着说话声，一位和尚站在唐云的面前。唐云本来是心之所想，发之于口，想不到这自言自语却被和尚听见了。

"你就是却非大法师？"唐云表现出他的机灵。

"不敢，不敢。小僧只管寺内香火。"却非说。

唐云问了一些佛门的清规，诸如进寺要注意什么等，却非和尚都非常有礼貌地一一做了回答，并请唐云到禅堂去坐。

"你为什么当和尚？当和尚之前又干什么？"刚刚举步，唐云就又向却非发问。

"阿弥陀佛，出家人不谈往事。"却非和尚双目微闭，双手合十，不再搭理唐云，径自走了进去。

唐云第一次拜访和尚，就这样碰了一鼻子灰。他认为这是因为自己六根未净，对佛无诚所致，与和尚交朋友的火候还未到啊。

唐云觉得像灵隐这样的佛门圣地，那里的和尚品位高，一下子交往甚为困难，便想到那荒山的小庙中去结交和尚。

在一个月华如水的夜晚，唐云来到火神庙。这座小庙地处偏僻，平时就香火冷清，晚上就更显得索然寂寞了。

在朦胧的佛灯之下，唐云看到一位和尚正打坐于蒲团，手捧黄卷，静诵真经。那和尚二十多岁的样子，长得文静清秀，一脸的书卷气，与其说他是位出家僧人，还不如说他是位青年学子。

唐云《芭蕉小鸟》

唐云不敢唐突去打断那和尚念经，静立在和尚的背后。可是和尚收起经卷，从蒲团上立了起来，主动和唐云打了招呼。

“你怎么知道我来了？”唐云感到惊奇。

“你未进山门，我就听到你的脚步声。”那和尚谈吐极为文雅。

和尚把唐云领到山门之外，在明月青松中交谈起来。

“你住在这里干什么？”

“出家。”

“为什么要出家？”

“我心有佛，佛心有我。”

“菩提本无树，明镜亦非台，佛在何处？”唐云从谈禅的书中得知一点知识，这时也胡诌起来。

“阿弥陀佛，施主年龄不大，岂可谈禅。”和尚说。

“请问法号？”

“巨赞。”

“出家前呢？”唐云总是改不了自己的习惯。

“阿弥陀佛，出家人不谈往事。”巨赞微闭双目，双手合十，但他不像却非和尚那样对唐云下逐客令。

“我看你不像出家人，像是一个念书的。”唐云对巨赞进行试探。

“万事不可参透，请先生多多谅解。”巨赞和尚不愿说出自己的身世。

中国有句俗话：日久见人心。唐云和巨赞和尚相处熟了，赢得了巨赞的信任，并把他引为知己，才把自己的身世和心事告知唐云。

巨赞原来是上海光华大学的学生，曾经参加过共产党。“四一二”事变后，他由上海逃到杭州，东躲西藏了一年多，对人生的看法有了新的理解，就遁入空门，到火神庙当起和尚来了。

巨赞和尚去灵隐寺之前，先由火神庙去了净慈寺。净慈寺也是唐云寄情山水的地方。这倒不是因为净慈寺的风景秀丽，而是因为寺内有位叫若瓢的和尚。在唐云的眼里，若瓢是位凡心未净的侠义和尚，对朋友能以肝胆相照。若瓢俗姓林，原是唐云父亲的朋友，他经常到唐云家里去，就是他认为唐云有佛根。唐云没有成为若瓢的嫡传弟子，却与若瓢结下莫逆之交。

一天，唐云又去净慈寺，想叫若瓢烧一碗东坡肉解馋。杭州的寺院，只有净慈寺可以荤食，那是因为苏东坡常来净慈寺留下的传统习惯。唐云虽然不敢自比苏东坡，每次那顿东坡肉总是要吃的。

唐云刚进寺门，就看到若瓢和巨赞在打架。巨赞是位白面书生，又了解若瓢的性格，不大愿意和若瓢吵架，要论打架，他就更不是若瓢的对手了。这次不知是为了什么打起架来，巨赞在前逃，若瓢在后面追。

“你简直像鲁智深！”唐云一把拉着若瓢。

“鲁智深是花和尚，我不花。”若瓢正在气头上，把唐云推了一个趔趄，又去追赶巨赞。

“他的凡心不净，将来总是要惹祸的。”巨赞一边跑，一边说。

唐云又跟在后面追，想把他们拉开。

“出家人应该与世无争，你们两个人就先争起来了。”追赶了几圈，唐云才挡在中间把他们拉开。

若瓢和巨赞打架，害得唐云连东坡肉都没有吃成。

巨赞因和若瓢和尚无法相处，虽经唐云多次劝解也无用，终于还是去了灵隐寺，主持那里的佛事。

若瓢虽为和尚，但他不崇拜佛祖，也不崇拜佛法，心目中只崇拜唐云。唐云虽然比若瓢年轻，却是若瓢心中的一尊佛。若瓢喜欢唐云的画，画得好，若瓢说好；画得不好，若瓢也说好。

“想要成佛，要目空一切，除了佛，别的什么都不应该崇拜。”唐云说。

“我不想成佛，只想成为画家，难怪巨赞说我的凡心未净。”若瓢说。

唐云（左四）和若瓢和尚（左一）等

这时，若瓢已跟唐云学了几笔兰花。唐云还教他画竹，并对他说："兰花只要用笔撇就可以了，画竹时，笔要四面滚。"

唐云感到若瓢的悟性很好，笔致不俗，只是他很懒，不大多画，艺术进步不大。

唐云由杭州来上海闯荡时，是由宁波经海路到达上海的。

唐云与僧有缘，到了宁波，他又想起静安长老来。那是在杭州净慈寺，通过若瓢认识了这位和尚。那和尚曾经买过他画的六尺四开四条屏。唐云到了延庆寺的山门，小和尚通报后，静安和尚迎了出来。

"唐居士，怎么仙驾降临小寺。"静安和尚说。

"静安长老，久违了。"唐云答道。

唐云向静安说明了自己的处境。

"海口封锁，上海去不成，就在寺里住下吧。"静安说。

"我带着十四个人呢。"唐云怕人口太多，住在寺里给静安和尚增加麻烦。

"没关系，再多几个人也没关系。"静安和尚说。

就这样，唐云一家在延庆寺住了下来。

延庆寺和一般的禅寺一样，建筑空旷而高大。殿堂里那几十根巨

金冬心《菩提古佛图》

罗聘《看花古佛图》

大的木柱，顶部错综复杂的托架，支撑着覆盖琉璃瓦的屋顶，给人以庄严超脱之感。寺内有一座小小的花园，石子铺的曲曲小径，落满了干枯的松针。每天晚饭之后，唐云和静安和尚就在这里散步。在那幽明的青藤之中，干枯的松针在脚下发出微妙的声音，唐云似乎感到身在富春江畔，抛却了旅途的尘嚣，忘净了将在海上漂泊的渺茫，这种安静常常净化了他的心灵，使他有悟禅机。

“如何是出家人家风？”唐云要和静安谈禅了。

“一罐兼一钵，到处是生涯。”静安说。

“君从富春来，如何是富春灵境？”静安反问。

“万叠青山如钉出，一江绿水若图成。”唐云答。

“如何是境中人？”静安问。

“古今自去自来。”唐云说。

“来去无路呢？”静安问。

“明明密密，密密明明，路自在心中。”唐云说。

“何谓画中景？”静安问。

“落霞与孤鹜齐飞，秋水共长天一色。”唐云回答。

“何谓景中画？”静安又问。

正在这时，只听寺外一声巨响，唐云不知是怎么一回事，就问静安：“外面在扔炸弹？”

“居士的禅机已尽。”静安和尚微微一笑，抖抖落在袈裟上的松针。

那一声巨响，是日本人的飞机把灵桥给炸了。

夜晚，寺院内更静。在禅房里，在佛灯下，静安和尚入静打坐，唐云就在佛案上作画。这时的山水，常常在追求画中有禅，禅中有画的境界，两人的路子虽然不同，却达到了同一境界，禅和画在渗透中交融。

深夜里，静安有时还想和唐云谈禅，但唐云自知禅机不深，就不再言语，画了一开册页，上面题写着：

君谈佛法，我画云山。
溪声山色，酒里同参。

静安和尚看到画上的题诗，自然心领神会，画、禅、酒，对唐云来说是缺一不可的。

唐云一家在延庆寺住了月余，就由海路到上海去了。

“送君者皆自崖而返，君自此远矣！”庄子著作中最富于深情的话，静安把它借用过来，流露出他对唐云的一往情深。

海天一色，唐云蓦然回首，静安仍在灵桥畔，注目着远去的船。灵桥已经倒塌了。

后继有人

后记

岁月匆匆，《壮暮堂谢稚柳》《大石斋唐云》《三釜书屋程十发》《高花阁陈佩秋》“与大师谈艺”四种，出版距今已经十五个春秋了，读者朋友也许不复记忆，但文汇出版社高情厚谊，要把余之拙作四种，重新出版以飨读者，我真的有些惶恐不安。壮暮堂、药翁、发老已驾鹤西去多年，每忆及不禁黯然，更有旧梦难温之苦。因余之粗疏，三翁的“大师谈艺”出版后留下许多遗憾，但都难再补记之。二〇二〇年即为壮暮堂、药翁一百一十周年诞辰，谈艺录之再版，也是一个纪念吧。唯高花阁佩秋老师，神清气朗，是向茶寿者，余亦不敢多做叨扰，只能把她的高雅之谈以“篇之外”载于书后，期与读者朋友有共享之乐。

二〇一九年十月　时年八十又五